『学者文库』

穿越边界

——科学社交视域下的科学传播研究

侯蓉英◎著

九州出版社
JIUZHOUPRESS

图书在版编目（CIP）数据

穿越边界：科学社交视域下的科学传播研究／侯蓉英著.
－－北京：九州出版社，2019.7
ISBN 978－7－5108－8194－7

Ⅰ.①穿…　Ⅱ.①侯…　Ⅲ.①科学技术—传播—研究
—世界　Ⅳ.①G219.1

中国版本图书馆 CIP 数据核字（2019）第 152731 号

穿越边界：科学社交视域下的科学传播研究

作　　者	侯蓉英　著
出版发行	九州出版社
地　　址	北京市西城区阜外大街甲 35 号（100037）
发行电话	（010）68992190/3/5/6
网　　址	www. jiuzhoupress. com
电子信箱	jiuzhou@ jiuzhoupress. com
印　　刷	三河市华东印刷有限公司
开　　本	710 毫米×1000 毫米　16 开
印　　张	15
字　　数	185 千字
版　　次	2020 年 12 月第 1 版
印　　次	2020 年 12 月第 1 次印刷
书　　号	ISBN 978－7－5108－8194－7
定　　价	78. 00 元

序一

　　这是一个"文山会海"的时代。此处的"文"指学术论文,此处的"会"当指学术会议。有人戏言说"学者们不是在开会,就是在赶去会场的路上"。不是学者们爱开会,而是学者们需要开会。学术会议是学者们相互交流、砥砺切磋、共享信息的最好场所。一个规模稍大的学术会议,都会有若干分组会,称为 symposium,这个词是拉丁语,源自希腊语 Συμπόσιον,词义为:正式宴会后以谈话为主的酒会。柏拉图名著《飨宴篇》就以此为书名。可见选用 symposium 作为大会的分组会,的确有它古老的历史,同时也说明科学知识的传播与交流就蕴含在人们的社会交往之中。

　　现代以来,人们的科学活动越来越丰富,科学已经融入人们的生活世界之中。科学知识通过社交网络广泛传播,改变了人们对世界的认识,也改变了人类自己。科学社交丰富了人们的科学社会关系,人的科学自主性、探索性、能动性、创造性不断加强。因此,在当下快速发展的社会时代,重新审视科学社交历史、分析交往中科学与其他不同领域的边界互动机制、考查科学社交边界的传播方式对社会文明带来的影响等等,都具有重要的研究意义。

　　如何理解科学社交?科学社交有何重要的传播研究价值?这是

首先要思考的问题。对于科学传播，国内的研究十分活跃，成果丰富。但对于"科学社交"的研究与提法，国内外却并不多见。正因如此，侯蓉英博士的这部新著《穿越边界：科学社交视域下的科学传播研究》就凸显出其时代意义和创新价值。

翻展书页，清新而浓郁的学术讯息扑面而来。作者首先从历史的维度切入主题，归纳出不同历史时期科学社交的历史发展过程，从史料中挖掘历史已有的科学社交传播形态，如缮宴社交、广场社交、官邸私密社交、科学风尚社交、政治社交、公共社交等丰富多彩的科学社交方式。例如，意大利切西公爵宅院里的私邸聚会，演变为著名的"山猫学院"。英国皇家学会的创办人希望学会"成为上流社会开启明智，科学启蒙的最好的社交场所"。法国著名科学家们多是巴黎贵妇人客厅"沙龙"的座上嘉宾。一个个生动有趣的案例展现科学人士在社会交往过程中推动科学的发展进程。

作为一部学术著作，作者展示了敏锐的学术目光、扎实的专业基础和深刻的分析能力。例如，作者运用社会交往理论、混沌理论深入分析科学社交的时空传播结构，提出科学与其他领域社交边界的矩阵形式。再如作者运用场域理论揭示出科学社交边界的传播资本，如国家元资本、经济资本、社会资本，促生科学边界贸易区的产生。特别值得称道的是作者对中国现当代科学社交的传播案例和存在问题给出了客观的分析。针对中国现当代不同时期的科学社交个案进行重点研究，既有对钱学森、罗沛霖、李政道、路甬祥等科学家与国家领导人的交流评介，也有对果壳网这样的科学社交网站进行的介绍分析，从而展现出科学社交的中国特色，同时指出当前中国科学社交存在的问题。

侯蓉英在考入上海交通大学攻读博士学位时，就已经在高校任教多年，主要讲授传播学。扎实的专业基础，丰富的知识储备，为她选择科学传播作为博士论文的选题奠定了坚实的基础。后来几经商讨确定以"科学社交"为主线展开讨论，既可做到将科学史上的生动案例融入其中，又能突出科学传播中的人性意义。这样，她就要纵跨科学史、科学传播、科学人文几大板块，因此就有了"穿越边界"的点睛之笔。

在21世纪科技时代的今天，科学社交已经深深融入人们的生活当中。作为新时代的年轻学者，在充分掌握本领域研究专长的同时，的确需要有大胆穿越边界领域的意识，通过不同学科知识的渗透与融入，从而推动中国科学传播与科学史研究的新发展！

纪志刚

2019年8月28日，上海

序二

社交，就是要穿越屏障

科学，除了一般性地被看作是对自然的认识之外，亦是一个极其复杂的社会现象，对于科学之本质的更加深入的认识和理解，需要有来自多方面的、多维度的探讨，需要有多学科之研究成果的支撑。本书作者以"科学社交"维度为主题进行研究，而社交本身也意味着一种对于屏障的穿越，否则就无所谓"交"。因而，对科学社交的研究，也就更需要有跨学科的视野。按照此书作者的定义，"'科学社交'是科学人士或科学共同体深入社会的实践活动，它也是科学传播的重要路径。""科学社交从古至今是一种社会历史的传承，它不仅是科学传播的重要实践活动，同时也是科学穿越各个领域边界，逐步向社会各个阶层渗透的重要传播路径和渠道，更是一种社会生活的存在方式。"而此书中讨论的"科学社交"重点以科技人员或科学共同体与科学圈外群体的社会交往作为研究对象。显然，这是非常有意义和价值的探讨。

通常，进行一项有价值的研究，需要具备来自某个学科的理论支撑。对科学社交的研究亦是如此。在以往的研究中，从某些学科对科学社交的研究还是有一些的，尽管不一定明确地采用了"科学社交"这一概念。而此书作者在书中采用的最重要的理论支撑，则是来自传播学的。作者将此书的副标题定为"科学社交视域下的科学传播研究"，也表明了这一点。

当然，传播是一个非常宽泛的概念。科学传播大致可分为科学共同体内部的信息传播，以及科学共同体与科学共同体之外的信息传播，传播学中许多已有的理论和模型，也确实会给对科学社交的考察带来重要的启示，但与此同时，人们现在在使用科学传播这一概念时，又经常是有所特指的，例如像科学共同体内部因研究之需要而进行的科学交流，以及科学共同体与科学共同体之外的互动，也即经常被称之为公众理解科学或科普的交流活动。因而，按照本书作者对科学社交的定义，科学传播与科学社交还不是完全等同的。

除此之外，从"传播"或"社交"的内容上来说，这两者也并不完全等同，尽管其间也还存在着密切的关联。因而，此书并不应该被仅仅理解为狭义的科学传播研究。也正因为如此，此书作者打破了传统的研究策略，既充分利用了以往已有的相关研究的成果，又采用了从多学科的视角来进行考察的方式。这里面，尤其是包括了和吸收了来自像科学史、科学社会学，当然也有科学传播学这些学科的视角和已有成果。而从对象上，则除了理论分析之外，更是基于历史上的经典案例，以及当代的典型案例，并考察了中国现当代科学社交传播个案及问题。正是这种跨越学科，打破学科之间的屏障的研究，使得作者能够有所发现，能够提出一些让人们进一步思考的问题，对于帮助人们思考和理解科学的本质有所借鉴，也对于传统中相关学科对科学中的"交流"的研究提供了参考。这也正是此书研究的重要价值所在。

当然，所有的研究都不会是十全十美的，在有突出特色的同时，也会存在着某些代价。就本书而言，如何能够让这种多视角、多侧面的研究完美地整合在更为逻辑一致的框架中，也还是作者以后可以继续深入探讨的方向。

是为序。

刘 兵
2019 年 8 月 19 日于北京清华园荷清苑

前　言

本书以科学社交作为切入点，汲取国际语境中科学传播已有的研究成果进行深入分析，分别对科学社交的传播形态、科学社交的传播舆论领袖、科学社交的传播结构、科学社交的传播资本、科学社交边界的传播控制，以及科学社交的边界传播模式等做深入研究，由表及里地分析科学社交的传播历程，探析科学与其他领域在交往过程中的边界传播机制，进而建设性地为我国的科学传播提出参考建议。

本书总共分为九章，以总—分—总的形式进行论证，从概念的界定，到史料的例举，再借助理论上的成果分析，到最后总结出科学社交边界传播模式类型，提出中国科学传播的建议。该篇首先借助哈贝马斯的交往行动理论厘清科学社交的概念，进而归纳出不同历史时期科学社交的发展过程，从史料中挖掘过往历史中已有的科学社交传播形态，如缩宴社交、广场社交、官邸私密社交、科学风尚社交、政治社交、公共社交等丰富多彩的科学社交方式，通过生动有趣的例证来展现科学人士或科学共同体在不同形式的科学社会交往中推动科学的发展进程。该研究同时进一步阐明统治者、主教、贵族、大家族、银行家、官绅、资本家等社会阶层在与科学人士的交往中，都曾给予科学极大的帮助，并且成为最有力的科学传播舆论领袖。本书在此基础上，综合运用场域理论等多种研究方法深入分析科学社交边界的传播结构，提出科学与其他领域社交边界的矩阵形式。与此同时，该研究也揭示出科学社交边界流动的传播资本，如国家元资本、经济资本、社会资本，促生科学边界贸易区的产生，从而有力地推动科学发展。结合国际现实，本书指出，为了有利于国家统治，历代统治阶层与科学共同体的交往采取既亲近又远离的交往方式，对科学边界传播进行适度控制。另外，本书针对中国科学社交进行个案研究，并指出存在的相关问题。最后本书总结科学社交的边界传播模式类型，为中国的科学传播提出相关建议。

在未来 21 世纪新的科技变革中，本书的初探希望能够为中国的科学发展走向及预测，提供参考依据。

目　录
CONTENTS

第 1 章

导 论

1.1 选题的缘起

1.1.1 "科学社交"的研究背景

人类社会已进入 21 世纪,在这个以科技信息技术为主导的时代,科学的发展已经影响了全球,科技资源和智力的支配权已成为国与国之间竞争的主要因素。科学改变着国家的政策导向,科学所涉足的每一个空间都可能成为新的创新点。依托科学开辟的高新产业正通过科技产品创造着物质财富。与此同时,社会结构的巨大变化也改变了科学共同体的社会交往方式。现代科技知识分子的社交呈现出新的特征:交往的时空无限延展,交往越来越自由、越开放。作为国家科技创新的主体,科技知识分子的社会交往方式、交往途径、交往的群体阶层、交往的社会关系,都对社会发展产生了前所未有的影响,并成为推动科学传播的重要因素。这个时代,科学信息不仅仅是财富,更是重要的战略资源,正如美国社会学家丹尼尔·贝尔曾经指出,在我们的新社会里,战略资源已是信息,它不是唯一的资源,但却是重要的资源。齐曼在其著作《真科学》已经预见,科学在与社会各界领域互动的过程中,已经进入了"后学院科学"时代。他指出:"后学院科学并不像许多科学家仍期望的那样,只是短暂地偏离我们一贯熟知的科学前进的方向。它也不仅仅是'知识生产的一种新模式'：它是一种全新的生活方式。"① 而对于"后学院科学"涌现的根本原因，齐曼则认为："'外在论者'对科学的叙述集中在政治、经济和工业等压力上，这些压力越来越强有力地'从外部'影响科学共同体。"②

现代社会的高速发展与外部压力，促使科学共同体的社会交往活动日益频繁，他们不再仅仅局限于传统共同体内部的学术交流，而是已经开始涉足政治、商业、文化、艺术、公众等各个领域，并且日益地渗透，发挥作用。例如，科技人士在美国"旋转门"政策的社交体系下，可以变通地转换身份参与政界，与政界人士共商国家科技、军事、政治策略。现代的科技知识分子不再满足于小范围的科学团体内部的交流，他们开始与科学大众社交，彼此互融，共同分享全球的科学数据资源。例如 2008 年建立的著名的国际科学社交的网络平台"研究之门"（ResearchGate），用户已超过 1500 万，微软总裁比尔·盖茨看到了科学公众社交的前景，正式大规模投资该网站的建设。在互联网时代，知识阶层成为社会主体，他们的思想、观念、风俗、态度和行为方式通过国际互联网，超越时空，成为人类历史上迄今为止最高效的科学交往方式。2013 年 12 月，哈佛大学医学院的科技人士首次与中国恒大商业地产正式签订协议，宣布在中国建立哈佛医院。从以上事例不难发现，科学与政治、商业、公众等社会各个领域的边界已经模糊并逐渐融合。科学社交促进了科学边界新的传播范式。

其实，科学社交的现象贯穿科学发展的整个历史进程。从久远的古希腊到现代化的都市文明，科技精英的社交活动不仅局限于学术圈内的交往，更重要的是与学术圈外的国王、贵族、神甫、乡绅、大家族、企业家、艺术家、政治家、媒体乃至国内外机构、组织等各个领域的人士都有

---

① 约翰·齐曼. 真科学 [M]. 曾国屏，等译. 上海：上海科技教育出版社，2009：81.
② 同上，82.

着密切的交往与联系，而且这些交往方式类型不一，不同时期社交的焦点也在随之发生变化，这些对科学的跨界发展和传播都起到了渗透作用。科学社交的方式多种多样，社交空间从早期的广场、宫廷到私宅、社团、俱乐部，再到咖啡馆、基金会，以及延伸到现代的混合论坛、公共媒体等。科学社交传播着新的科学思想。21 世纪，以"互联网＋"的数字科技跨界融合理念正式确立。"混合论坛"式的科学社交空间层出不穷，成为科学创新的重要驱动力。

科学社交，作为科学传播的重要实践活动，越来越受到人们的重视。不同时期的科学社交方式，积淀着丰富的科学文化内涵。不同时期的科学社交空间，决定着科学传播的阶层流向。科技人士由于受到社会交往环境、社会地位因素的影响，交往对象和交往频率迥然不同。科学社交关系的时间与交往空间呈现正比现象，社会空间层次越公开，科学社交的频率则会越高，社交的周期性则会较长；反之社会空间越私密，科学社交则会呈现不稳定的状态和周期性短的特征。但是，随着科学社交的发展，科技人员的交往已经从封闭、私密逐渐走向了多元与开放。

1.1.2 "科学社交"研究动因与意义

过去，传统科学研究更多关注科学精英的个人成果与科学成就，而对于科技人士的社会交往活动，研究并不多。对他们的生活轨迹，我们只能从个人的"名人传记"中去略微了解。实际上，科学传播发展到今天，其进程可以说与每个时期的科技人员的社交有着直接的联系。在社会交往活动中，科学精英是最活跃的科学因子，他们的活动不仅仅局限于科学共同体内部，他们与外界的互动频率、活动空间范围的扩大，都会进一步推动科学思想、科学精神、科学方法向社会传播。尤其值得一提的是，科学精英的生活方式、社交活动的形态，是科学传播的重要路径，同时也构成了科学传播的研究风貌，值得我们去深入探究。科学的每一项重大成就和举措，不是知识分子封闭式的个体科学行为结果，而是一个社会广泛的集合众力和各种互动交流的结晶。

科技人员的社会交往方式，对社会经济、政治、文化以及人的观念思想均产生巨大影响。因为科学社交如果呈现区域性的狭隘、空间经常封闭，则会导致人们的思维方式刻板与守旧。封闭性思维造成信息堵塞，思想呆滞，使思路缺乏多样性和创造性。而开放性的社交方式必然导致一种开放的思维方式。进步的科学社会交往，会冲破保守落后，它除了思想上的启蒙，更主要的是开拓了人们广泛的社会资源，从社会互动和交流中获得资本、生产经验、技术、信息，激发科学创造与灵感。

科学社交日益频繁，人们的科学活动越来越丰富，选择的自由度越来越大。科学已经融入了人们的生活世界中，通过社交传播，变革着整个世界。当前国与国之间也在交往中进行着科技合作与竞争，不断地推进科技革命。不仅如此，科学社交丰富了人们的科学社会关系，人的科学自主性、探索性、能动性、创造性不断加强。因此，在当下快速发展的社会时代，重新审视科学社交历史、分析交往中科学与其他不同领域的边界互动机制、考查科学社交边界的传播方式对社会文明带来的影响等等，都具有重要的研究意义。

1.2 国内外的科学传播学术研究现状

1.2.1 科学传播的学科基础

传播学发源于美国 19 世纪末至 20 世纪初，是二战时期在美国政治、军事、商业需求的基础上发展起来的重要学科。传播学科体系真正成熟是在 20 世纪中期，该学科是吸纳了信息科学（如信息论、系统论、控制论），行为科学（如社会学、心理学、政治学），人文科学（历史学、文艺学、符号学、女性主义）和新闻学等多种学科的研究方法和理论集合而成的交叉性学科。后来由于传播学科的实证性和人文价值受到世人关注，使其迅速普及到全球，成为全球热门的新兴学科。

科学传播是大众传播学科下的子学科，近年来发展迅速，逐渐与新闻传播、舆论传播、广告传播、文艺传播等并列成为该学科的五个分支。科学传播这几年融合了多类学科的精华蓬勃发展，研究成果呈现两个方面。第一，借助了传播学学科已有的研究成果和研究理论，更多地探索倾向于科学传播的模式研究；第二，借助了科学史、科学社会学（包括 SSK）、STS 研究、科学学、科学哲学已有的成果，进行科学内容和科学文化方面的研究。

北京师范大学田松认为："'科学传播'不等于'科学＋传播'的线性组合；科学传播的基础理论主要来自四大学科：科学社会学（包括 SSK）、科学史、科学哲学和传播学。"① 北京大学刘华杰认为："科学传播的立场问题单纯借助经济学类比是不够的，还需要从政治学、可持续发展的眼光、生态系统长久维持的角度考虑科学传播。"② 清华大学吴国盛也指出，"科学传播在理论上是依托科学史、科学哲学和科学社会学等科学人文类学科的知识背景建立的"。③ 美国科学院院士、著名的政治学家及传播学的奠基人拉斯韦尔，在其著作《社会传播的结构与功能》中首次论证，一个完整的传播活动必须历经五个重要的环节：传播者、传播内容、渠道、受众、效果。④ 后来学术界在拉斯韦尔传播活动五环节的基础上建

---

① 刘华杰，蒋劲松，田松. 中国"科学传播"新理念 [J]. 中国图书商报，2007：1-5.
② 刘华杰. 论科学传播系统的"第四主体"[J]. 科学与社会，2011：106-111.
③ 吴国盛. 科学走向传播 [M]. 长沙：湖南科学技术出版社，2013：21.
④ [美]哈罗德·拉斯韦尔. 社会传播的结构与功能 [M]. 伍况甫，等译. 北京：中国传媒大学出版社，2013.

构了传播学科的研究风貌，形成了传播学的五大专项研究：控制分析、内容分析、渠道分析、受众分析、效果分析。近几年，国内很多学者也分别从这五大专项研究对科学传播进行深入的探索。同时，政治学、经济学在科学领域的发展，也为科学传播的五大研究领域提供了丰富的理论基础。

1.2.2　国外科学传播的研究进程

无论是在国外还是在国内，随着科技的全球化，有关科学领域传播的问题层出不穷，在这个领域研究的学者成果颇丰，其中首推科学史家贝尔纳。他在著作《历史上的科学》一书中提出了科学传播的有关问题："例如科学在社会上的适当应用、科学的军事化、科学与行政的关系，科学秘密，科学的自由性以及科学在教育方面和一般文化方面的地位等等。"①

2000 年，英国将"科学传播"界定为："发生于这样一些群体或组织之间的传播：科学共同体内的群体（包括学术界及工业界中的群体）、科学共同体和媒体、科学共同体和公众、科学共同体和政府或其他权力权威部门、科学共同体和政府及其他影响政策的机构、工业界和公众、媒体（包括博物馆及科学中心）和公众、政府和公众。"②

澳大利亚学者，T. W. 伯恩斯等人于 2003 年对科学传播的标的给出了"AEIOU"（首字母大写）定义，即"使用适当的方法、媒介、活动和对话来引发个人对科学的这样一种或多种反应：意识、愉悦、兴趣、意见、理解"。③

---

① ［英］约翰·德斯蒙德·贝尔纳. 历史上的科学 1：科学萌芽期［M］. 北京：科学出版社，2015：3.
② 刘兵，侯强. 国内科学传播研究：理论与问题［J］. 自然辩证法研究，2004（5）：84.
③ T. W. Burns, D. J. O'Connor, S. M. Stocklmayer. Science Communication：a contemporary definition［J］. Public Understanding of Science 2003（12）：183 – 202；T. W. 伯恩斯，D. J. 奥康纳，S. M. 斯托克麦耶. 科学传播的一种当代定义［J］. 李曦，译. 科普研究，2007：19 – 33.

国外学者将"公众传播"作为科学传播的研究重点,并在研究中提出杜兰特的缺失模型、米勒的民主模型、温内的内省模式、莱文斯坦的语境模式等多种传播方式。

1.2.3 国内科学传播的研究格局与流派

传播学在研究方向上通常分为三大学术流派:批判学派、经验学派、技术学派。其中批判学派是以定性的研究方法对传播体制和传播现象进行批判,大多以欧洲的学术风格作为走向。批判学派下的分支学派很多,例如有:法兰克福学派、伯明翰文化研究学派、符号学派、政治经济学派等。而经验学派多以定量的研究方法(例如田野调查、控制实验等方法)对传播的过程模式、传播者、媒介、内容、受传者、效果等进行实证研究,并以传播学的实证项目作为理论研究成果。美国在这方面的成就居多。技术学派是以加拿大多伦多学派麦克卢汉、英尼斯的媒介技术研究成果作为理论基础,来探讨新媒体发展对时代变革的传播影响。

国内科学传播的研究风格近来也大致呈现出批判学派、经验学派、技术学派等多种流派的走向,主要围绕科学传播的内容、受众群(科学共同体内部和公众)、传播的过程机制、媒介等几个角度进行论证,具体分为以下几种格局。

第一种是遵循传播学"批判学派"学术风格的科学文化研究派。该流派素以"南腔北调"之称的国内学者上海交通大学的江晓原、清华大学的刘兵教授作为典型代表。二人经常南北呼应,对科学文化进行深入研究。近年来,二人学术成果丰硕,分别运用符号学、视觉文化、修辞、艺术、大众文化、女性主义等定性方法来分析科学现象,针对科学文化内容进行分析和批判。代表作品有《我们的科学文化》《南腔北调——科学与文化之关系的对话》《要科学不要主义》《科学与幻想:一种新科学史的可能性》《江晓原科幻电影指南》《科学的越位》《阳光下的民科》等多部著作。刘兵指出，"科学传播作为一种交流共享的活动，科学传播涵盖了传统科普和公众理解科学，但由于它还包括了这两者之外的内容，因而并不能完全等同或替代科普和公众理解科学"。① 刘兵提出，所谓的科学传播应该注重科学传播的内容和传播过程和传播机制等问题，强调过程及内容在机制中如何传播的。他指出："科学和传播是科学传播的两条腿，既重视科学传播的内容，又了解科学传播的机制，并把两者集合起来，是科学传播研究的应有之义，也应当是我们科学传播研究的方向。"② 他在近期发表的著作《多视角下的科学传播研究》中采用定性的研究方法，如视觉文化、符号学、女性主义和内容分析方法对科学家的肖像画与作品、科幻电影、科学教育、科普图书、科学文艺等个案进行科学文化的文本研究。江晓原的科学传播研究这几年也有从科学文化开始逐渐趋向科学政治（如《科学中的政治》）、科学媒介伦理等角度开掘的意向，风格呈向多样化。

第二种是秉承"经验学派"传播实证理论的公众科普实体研究派。该流派以原中国科普研究所所长、中国科协创新战略研究院院长任福君和北京理工大学的翟杰全、清华大学的曾国屏教授为代表。他们在其著作《科技传播与普及概论》（2014 年修订版中）、《技术的转移与扩散——技术传播与企业的技术传播》、《科学传播普及问题研究》中将科技传播与普及作为统一的概念来理解，利用美国经验学派的传播学研究成果（如罗杰斯"创新的扩散"的实证理论），来探讨科技传播的过程，通过科普实体例证来阐述公众的科普实践活动和科学素养问题。他们的研究方法多采用定量研究。在任福君和翟杰全看来，科学传播和科技传播没有实质上的区别，"所谓的科技传播是'科技知识信息通过跨越时空地扩散而使不同的个体间实现知识共享的过程'，承担着把科技知识从其拥有者传送到接受者，

---

① 刘兵，侯强. 国内科学传播研究［J］. 自然辩证法研究，2004（5）：84.
② 同上.

使接受者了解和分享同样知识信息的任务，科技传播包括专业交流、科技教育、科学普及等"。①

第三种是贯以科学哲学风格著称的科学博物学派。代表学者有清华大学的吴国盛、北京大学的刘华杰、北京师范大学的田松教授，他们分别从科技哲学的角度和博物学的立场的提出科学传播的理念。吴国盛在著作《科学走向传播》中将科学传播特性概括为"多元、平等、开放、互动"。② 刘华杰认为："科学传播是通过平等对话的方式理解科学、探讨科技事务的一种方式，它不仅仅是'科普'或者'传播学'的某个子学科。"③ 他的著作有《博物学、科学组织与民间组织》《科学传播读本》；田松的成果有《民间科学爱好者为什么不能取得科学意义上的成功》《现代科普理念》《从普及到传播 从信赖到理解》《学妖与四姨太效应》等。他们三人同时强调，博物学能够成为公众直接参与建构的科学，因为博物学是"门槛最低的科学知识"。

第四种，是以科学技术史为背景，注重科学共同体内部传播的思想研究派。该领域的学术论文有 1987 年顾昕的《科学交流系统——科学共同体的社会结构与科学的成长》、2007 年王晓舟的《信息化时代的科技社团的学术交流》、2010 年中国科学院邹儒楠、于建荣的《浅析非正式交流的历史变迁》、徐佳宁的《科学交流的源起——古典文化时期的科学交流》等。该领域的学者主要以纵向的科学技术史的视角，重点对某一历史时期的科学学会、科学社团的传播思想变迁做单独的背景知识解读，探析科学共同体内部的传播方式。

第五种是依托多伦多技术学派理论的科学传播媒介研究派。代表成果有黄时进的《科学传播的网络时代特征》、黄可心的《媒体变革与科学传

---

① 任副君，翟杰全．科技传播与普及概论 [M]．北京：中国科学技术出版社，2014：43.

② 吴国盛．科学走向传播 [M]．长沙：湖南科学技术出版社，2013：22.

③ 刘华杰，蒋劲松，田松．中国"科学传播"新理念 [J]．中国图书商报，2007：1-5.

播》、詹正茂和舒志彪的《大众传媒对院士科学传播行为的影响分析》《中国科学传播报告》。黄时进曾指出："科学传播，是科学共同体和公众通过'平等'与'互动'的沟通，通过各种有效的媒介，将人类在认识自然和社会实践中所产生的科学、技术及相关的文化知识，在包括科学家在内的社会全体成员中传播与扩散，引发人们对科学的兴趣和理解，来倡导科学方法、传播科学思想、弘扬科学精神，并促进民主理念的启蒙。"①

第六种是以实践活动为基础的科学传播业务派。具体包括科普工作者、科学新闻工作者的科技新闻报道、科幻小说作者等。典型代表有中国科协科普部门、中国科技新闻学会、中国科普作家协会。他们致力于科学传播的业务实践活动。

1.3　本书的创新点与研究关键

1.3.1　本书的创新

从国内外科学传播研究的领域可以看出，科技界人士（或科学共同体）与科学圈外的各个领域、各个阶层的社会交往和互动传播研究，一直是缺乏深入探讨的，这也是科学传播研究颇显不足的地方。

过去传统研究大都局限于科学共同体圈子内部的交流活动与交流形态，对于科学圈子之外的群体阶层也没有做过严格的区分，而针对与科学圈外群体的互动研究，仅仅粗浅地停留在简单的 1 级传播——公众科学传播。实际上科学对外界的传播是一个非常复杂的过程，并不仅限于针对公众的 1 级传播，这个过程还包括针对各个领域的舆论领袖和国内外各个机

---

① 黄时进. 科学传播导论［M］. 上海：华东理工大学出版社，2010：18.

构组织的科学 2 级传播、多级传播乃至 N 级传播。任福君与翟杰全指出：
"当前的科技传播关系变得更加复杂，参与主体变得更加多元化，科学家
群体（包括科学团体与科学组织）、公众、媒体组织、政府部门、工业机
构、专业组织（与科学技术相关的非营利组织、非政府组织、公共卫生机
构等）各自出于不同的动机和需要，共同参与到科技传播与普及中来，组
成了一个活跃的互动传播网络。"① 当代科技传播与普及参与主体及其基
本关系见下图1。

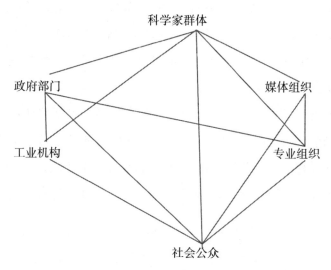

图1 科学传播参与主体及基本关系②

科学共同体与圈子之外的社会各个阶层的社交活动是非常重要的，它
是科学向各个阶层、各个领域逐渐渗透的重要传播路径和传播渠道，但却
往往被忽视掉了。

---

① 翟杰全：科技公共的传播主体及其参与动机［J］．北京理工大学学报（社会科学版），
2005（5）：13－14．
② 任福君，翟杰全．科技传播与普及概论［M］．北京：中国科学技术出版社，2014：65．

因此，本研究的创新点在于：（一）将"科学社交"这一实践活动作为切入点，来探讨科学人士或科学共同体与圈外的社会各阶层的交往历史脉络，分析社交过程中的科学传播形态和路径研究，以及在科学社交过程中的传播边界问题。（二）在研究方法上，借助传播批判学派下的法兰克福学派中的哈贝马斯"交往行动理论"、西美尔的"社交理论"和布尔迪厄的"场域"的研究方法作为理论基础。

如何理解科学社交？科学社交有何重要的传播研究价值？这是我们首先要思考的问题。对于"科学社交"的研究与提法，国内外并不多见。"科学社交"是科学人士或科学共同体深入社会的实践活动，也是科学传播的重要路径。本书的"科学社交"重点以科技人员或科学共同体与科学圈外群体的社会交往作为研究对象。

科学人士或科学共同体与科学圈外人的交往活动，从群体的归属划分来看，包括三个层面：（一）与上层不同领域精英的社交传播活动，比如与国家政府总统官员、上流社会的贵族、金融家、企业家；（二）与国内外机构、国际社会组织的社交传播活动；（三）与普通公众阶层的社交传播活动。

1.3.2 研究价值

实际上，科学社交从古至今是一种社会历史的传承，它不仅是科学传播的重要实践活动，同时也是科学穿越各个领域边界，逐步向社会各个阶层渗透的重要传播路径和渠道，更是一种社会生活的存在方式。在科学社交传播活动的带动下，社会各界积极参与到科学事业的建设中来，使得科学获得了各方资源的支持，有了进一步的发展；另外在科学社交的过程中，科学与各个领域的边界实现了传播互动与交融，为孕育新的科学思想奠定了良好的基础；同样，科学的发展也为各国的政治、经济、文化等社会各领域的繁荣提供了有利的支撑和帮助。

当前，中国正在向科技大国迈进，科技创新是国家发展的关键。建立有效的科学社交边界传播机制和科学社交边界传播政策，不仅有利于科学共同体与外界（如政治、经济、文化、国际等各个领域）实现更好的互动，为外界提供科学指导意见和服务，而且外界积极地融入科学，与共同体一起参与科学研究，也有利于科学内部机理的丰富，使科学焕发出新的创造力和生命力！

1.3.3 本书的研究关键

目前针对科学社交进行的传播研究并没有真正深入展开过，也没有从实践活动中挖掘过。科学社交研究最关键的问题是"科学边界"问题，对此，国外学术界人士曾有过一定的探索，很多学者提出了不同代表性的观点。如下：

1. 美国学者万尼瓦尔·布什在1945年的著作《科学：无尽的前沿》中提出，科学已经渗透到了美国的政治、经济乃至生活当中，科学对美国社会起到了不可估量的作用，科学与社会之间有着无尽的边界。①

2. 1994年吉本斯等人在《知识生产的新模式》著作中提出了知识生产模式2，指出科学知识生产边界的模糊性，"越来越多的交流沟通发生在现有体制的边界上，结果就形成一张网，网上的节点在全球串联，而其连通性每天都在增长"。②

3. 2000年，美国亚利桑那州立大学教授大卫·戈斯顿在其著作《在政治与科学之间：确保科学研究的诚信与产出率》中首次就科学与政治之间

---

① Vannevar Bush, *Science The Endless Frontier* ［M］, A Report to the President by Vannevar Bush, Director of the Office of Scientific Research and Development, United States Government Printing Office, Washington, July 1945.

② ［英］迈克尔·吉本斯. 知识生产的新模式［M］. 陈洪捷，等译. 北京：北京大学出版社，2011：10.

的边界关系与互动进行研究，并提出"边界组织"概念，指出它是用来稳定科学与政治之间的关系。

4. 2000 年，德国学者迈诺尔夫·迪尔克斯、克劳迪娅·冯·格罗特在《在理解与信赖之间》著作中针对公众与科学之间的研究中提出了"边界物"的概念，指出边界物是连接科学内部与外部各种边界进行公开协商的凭借。

5. 2005 年，葡萄牙大学学者蒂亚戈·桑托斯·佩雷拉在文章《科学政策的制定：民主和知识机制的改革》中指出公共政策对科学与社会边界的融合所起到的良好作用。

6. 瑞士学者海尔格·诺沃特尼和英国学者彼得·斯科特、迈克尔·吉本斯在 2011 年的著作《反思科学　不确定时代的知识与公众》中提出了科学边界的情境化的代表性观点。

从 2006 年开始，国内学者以徐治立为代表，开始了有关科学与社会的交往关系的尝试性地初步探索。徐治立在 2006 年《科技政治空间的张力》论证了科学与政治之间的互动关系，该研究打破了以往的研究套路，有了一些新的思考。

在有关科学的边界问题上，国内学者董金华在 2010 年《科学技术与政治之间的社会契约关系》尝试性地提到了科学政治之间的边界互动问题。马乐 2013 在《STS 中的边界研究——从科学划界到边界组织》较为启发性地探讨了科学的边界消解和开放问题。南京大学的卫郭敏 2011 年的文章《打破镜像之界：消解还是开放？——在整体的视域下考察科学的边界问题》、山西大学的费多益 2004 年的《科学的文化边界——科学活动认知层面社会学解释的反思》都曾略微讨论过边界问题。但是国内其他学者大都仍停留在从哲学层面来论述科学与非科学的划界问题，并未真正从传播学的视角去研究。还有一些学者更多地流于表象漫谈式的谈论科学边界。

以上学者的研究大多明确了科学与社会各个领域的边界已经日益模糊，但是对于科学社交实践活动并没有深入展开研究，也未明确提出科学边界与其他领域的交往互动机制和模式，学术界对科学社交边界的传播方式探讨颇显不足，新的研究方法也比较匮乏。因此，本书将从"科学社交"这一实践活动现象入手，以传播学代表人物哈贝马斯和西美尔的社会交往理论、法国学者布迪厄的场域理论为基础，来尝试研究科学社交传播的过程和科学边界传播的理论范式，从而提出有利于中国科学社交传播的建议。

1.4 问题的提出

1.4.1 "科学社交"概念的厘清

科学社交是科学传播重要的实践活动。所谓的科学社交（Social Interaction of Science）即科技人士或科学共同体与外界的社会交往。本书特指，科技专业人士或科学共同体（主要在自然科学领域），与科学圈子以外的不同阶层身份、不同领域行业人士的社会交往（包括精英与普通公众），以及与国内外政府机构、国际社会组织之间的社会交往与互动。它是穿越科学边界，与其他领域互涉的重要途径，也是影响未来科学传播方式走向重要的关键点，是科学传播的重要路径。

实际上，科学传播、科学交流的学术概念本源来自科学社会交往。

科学传播或科学交流，其英文翻译为"Science Communication"，其中Communication（Kommunikation/kommunikaciia）一词来源于拉丁语，源自拉丁文"Communicatio/communicare"，本意比较简单，指人与人之间相互联系与沟通。这个词起初流行于口语，直到马克思和恩格斯，才把该词引入到哲学和社会学领域，使之上升为概念和范畴，逐渐成为一个显词。①
例如 1846 年马克思致巴·瓦·安年柯夫的一封信中这样写道："为了不致
丧失已经取得的成果，为了不致失掉文明的成果，人们在他们的交往②方
式不再适合于既定的生产力时，就不得不改变他们继承下来的一切社会形
式。——我在这里使用'commerce'一词是就它最广泛的意义而言，就像
在德文中使用'Verkehr'一词那样。"③ communication 一词经常被译为
"交往"。德语的 kommunikation 在哲学领域内便约定俗成译作"交往"，如
哈贝马斯的著作《交往行为理论》（*The Theory of Communicative Action*）将
communicative 译为交往。

随着传播学科的发展，现在学术界才正式将 communication 译成"传
播"。马克思、恩格斯最初的传播观就来自于 commerce 这个词，commerce
本意含有两层意思：（1）商业、贸易的往来贸易；（2）交流，社交，交
际，交往。实际上科学传播本身就蕴含着社交、交际和商业贸易的往来的
双重意义。

社交（Social Interacion），是人们的一种交际行为活动。德国著名的
社会学家、哲学家西美尔对于"社交"关注很久，并将其作为研究对象。
西美尔认为，"精神的和社交的种种关系是否有一个牢固的中心，各种利
益和对话围绕着这个中心循环，或者它们是否简单地随着时间的线的形式
长流"。④ 在西美尔看来，社交是人们的基本生活模式，它推动着人们生
存的真正进程。西美尔把城市看成是人们社交的活动场所，他认为："城
市处处都发挥作为交往转动中心的作用，对于城市较狭窄的周围的交往如

① 曹卫东. communicaiton 交往［J］. 读书, 1995：120.
② commerce
③ 马克思，恩格斯. 马克思恩格斯选集：第 4 卷［M］. 中共中央马克思恩格斯列宁斯大
林著作编译局，编译. 北京：人民出版社, 1995：533.
④ ［德］西美尔. 社会学——关于社会化形式的研究［M］. 林荣选, 译. 北京：华夏出
版社, 2002：475.

此，对于较广阔的周围的交往也如此，也就是说，每一座城市都会在其身上产生无数的、持久的和变幻不定的交往行动的转动中心。交往愈是活跃，它对各种城市的要求就越坚定。"① 西美尔认为，社交活动是最为重要的纯粹的社会形式，也是肉眼无法看得见的形式，它在现实社会中如实地展现在人们面前。社会同时也是个体交往和互动的形式。他把社交看成是有目的的自主的游戏形式。西美尔对于传播的理解也是基于社交的层次上提出的。他指出，纯粹的社会形式，是对现实社会交往形式的抽象，它排除个性中的所有客观品质（比如外在地位、财富、身体等），仅带着纯人性的能力、魅力与利益加入社交性结构，个人为了类似游戏和审美一样纯粹的目的参加社会交往。

日本学者山崎正和在著作《社交的人》中认为："社交不只是组织每次集会，还会形成潜在的人际关系，方便集会举行。即便现阶段社交尚未进行，它已然存在，并是一种精神和肉体方面的习惯，吸引人们进行社交；也是一种倾向，对一定的人们进行分割，让他们成为同类人群。不妨说，它是一种可追忆的关系，一定的人群反复聚会，聚在一起，就可望出现相同的心情。"② 在社会交往过程中，人们社交的能力在肉体和精神上已经化为习惯，并不断地寻求可以得到发挥的场所，并试图回归曾经得到发挥的场所。这时，社交伙伴的关系产生了。不单纯是因为人们想要聚一聚就出现的社交界，而是在人们的社交能力本身非常旺盛地寻找社交场合时，社交界作为满足其需要的场所而应运而生。同时，山崎正和认为，社会机制已作为个人的肉体和精神而得以维持下来，因而它是把人们聚在一起的力量，远比网络的这种力量更加稳定，要维持它，还依然需要眷顾，而这种眷顾本身在各个参加者身上都有，并根植在个人心底深处。

---

① ［德］西美尔. 社会学——关于社会化形式的研究［M］. 林荣选，译. 北京：华夏出版社，2002：474 – 475.
② ［日］山崎正和. 社交的人［M］. 周保雄，译. 上海：上海译文出版社，2008：58.

哈贝马斯是传播学法兰克福学派的第二代主要代表，他著作丰厚。其中，社会交往理论是哈贝马斯的一个重要研究方向。哈贝马斯在著作《交往行动理论》中认为，技术受社会交往活动中所形成的规则制约，而交往行动是指使参与者毫无保留地在交往后意见一致的基础上使个人行动计划合作化的一切内在活动。哈贝马斯十分重视交往行为的社会功能，他认为："从相互理解的角度来看，交往行为是用来传播和更新文化知识的，从协调行动的角度来看，交往行为起着社会整体化和创造团结互助的功能。"①

哈贝马斯认为社会交往具有传播功能、协和功能和张扬个性的功能，技术的进步对社会交往的这三种功能都有明显的促进作用。②

本书的"科学社交"是以哈贝马斯的交往行为理论为基础的。哈贝马斯在著作《交往行为理论》中将社会交往分为四种类型："第一种，目的（策略）行为，这类行为以使用有效的手段和恰当的方法，行为者为了实现一定的目标或进入了一个理想的状态并受到原则的引导。第二种，规范调节的行为，指的是社会群体成员，他们的行为具有共同的价值取向，一旦具备可以运用的规范前提，每个行为者都必须服从（或者违抗）某个规范。群体的成员允许相互期待是否履行各自的规范行为。第三种，戏剧行为，指互动参与者，它们之间相互形成观众，并在各自对方面前表现自己。行为者自己给了他的观众一个具体的形象和印象，为此，他把自己的主体性多少遮蔽起来一些，以达到一定的目的。任何一个行为者都可以控制公众进入他个人的观点、思想、立场以及情感等领域。第四种，交往行为，是至少两个以上具有言语和行为能力的主体之间的互动，这些主体使用（口头或口头之外的）手段建立起一种人际关系。行为者通过行为语境

---

① 邢耀章. 论社会交往与技术的关系［D］. 武汉科技大学硕士学位论文，2012.
② 同上.

寻求沟通,以便在相互谅解的基础上把他们的行为计划和行为协调起来。"① 因此,遵循以上理论,科学社交的意义,实际上是科学共同体在科学目的(策略)行为、科学规范调节行为和科学的戏剧展示中,向社会各个阶层进行科学传播的社会交往行为。

纵观历史发展阶段,科学共同体每一个时期的社交形态都形成了独特的科学"社交圈"。在这个科学社交圈中,科学共同体可以自由地交往,与贵族、银行家、官绅等不同阶层互相往来,不受约束,在互动中形成良好的私人关系和社会关系。科学社交圈的建立,形成了科学的结构,同时也为科学建设寻求"社会资本"提供支持。

卡达兴在讨论社会圈子的问题时指出,科学与技术建立的社会圈子是以认识目的为基础的。科学的传播需要获得来自各方领域的认可与支持。科学社交圈是科学推广和展示的最好平台。科学社交圈的形成,最初来自一些较好的私人关系,随着私人关系的扩展和蔓延,形成集合和圈子。这个社会圈子,将每一个在地理上分散的社会成员聚集在一起,使从来未接触过的成员可以面对面交流,带着共同的科学兴趣,走到一起,接受不同的科学信息,开阔眼界。在这个社交空间中,"自由"非常重要,人们可以自由发表意见,表达自己的观点。社交空间由意见、观点所构成。商谈原则是交往权力产生的逻辑起点。

1.4.2 "科学社交"的时空范畴

科学社交的时空既是一种物理区域,也是一种关系空间。日本学者山崎正和认为:"社交原本是以自己的向心力限定时间和空间,并在其内部完整结束的行动,同时它也是形成能诱导出上述向心力的'磁场'

---

① [德]哈贝马斯. 交往行为理论:第1卷[M]. 曹卫东,译. 上海:上海人民出版社,2004:83-84.

本身。"①

西美尔认为："少数人友好聚会的生活原则极为反对分裂为两种不同的气氛，甚至反对哪怕仅仅分裂为两种不同的谈话；'社会'存在于不是产生它的独一无二的中心，而是产生一种双重性的时刻：一方面，产生一种普遍的，但是仅仅是非常松懈的集中性，集中性的基础基本上仅仅是外在的，甚至仅仅是空间的——这就是为什么相同的社会阶层的各种社交聚会规模越大，它们作为整体相互间就越相同，尽管它们的人员变换多种多样；另一方面形成一些特殊的、小的中心在其中一起交谈，有共同的气氛和兴趣，它们的参加者不停地变换着加入这些小中心。这样一来，在大的社交聚会里就形成那种参与和脱离的不断地变换，根据主体的气质不同，这种变换时而被感到是最不可容忍的表面敷衍，时而被感到是一种高尚的、美学的刺激玩弄的节拍。"② 社交是个人之间"不即不离"的关系，而友情是有意识选择，同时又是被动产生的。社交的群体既是开放的，也是封闭的空间，是一个在其间合理的规律如同身体习惯一样自然而然得到维护的场所。③

科学社交活动，在一定时期是凭借着时空进行的，时空不同，交往活动的范围和效率也不同。最初，人类的交往是在十分私密的空间进行，交往范围有限而且比较封闭，维系交往关系的纽带主要是以间歇的书信往来和定时的小团体的聚会活动为主。这是一种静态的交往活动。随着知识经济时代的到来，网络使人类在物理时空外又开辟了 24 小时新的虚拟时空。交往时空大大扩展，创造了"流动的社交形态"。不同时期科学社交空间有所不同，而且也会随着时间发生转移，比如特定时期下的社交空间有广

① ［日］山崎正和. 社交的人 ［M］. 周保雄，译. 上海：上海译文出版社，2008：58.
② ［德］盖奥尔格·西美尔. 社会学——关于社会化形式的研究 ［M］. 林荣选，译. 北京：华夏出版社，2002：49－50.
③ ［日］山崎正和. 社交的人 ［M］. 周保雄，译. 上海：上海译文出版社，2008：118.

场、餐桌、私人住宅、咖啡馆、沙龙、俱乐部、公共媒体等。正是这些现代都市时空的点编织成了知识分子社会交往的网络。科学主体特定时空下的社会交往，构成了社会结构本身。福柯指出，权力与知识正是在时空中联系在一起的。权力只有在时空中才能够生产知识并通过知识去发挥效能。也就是说，人们利用科学知识可以通过时空区域使人发挥作用并散播权力。科学社交时空的存在，为科学提供了向外界流动的区域，同时也成为科学社交资本兑换的场所。

科学社交空间是人们互相交往和活动的共享空间，然而，社交的公共空间与私有空间的界限在最初并不十分清晰。因为它是关系"空间"与物质"空间"的混合体，是有半公共、半私人性质的"集体空间"。在这个个体社会关系网络的空间中，交往属性让这个空间逐渐确立了群体的身份认同感。科学社交的重点是知识分享，是一个知识库，它是一个混合团体协作的结果，其成员有学者、贵族、教皇、业余爱好者、教育家、大家族、普通民众、慈善家等。而最重要的社交价值是互惠，因为公开知识可以得到价值回报，同时能够获得科学名声，并有助于巩固地位。另一方面，科学知识共享的无私心态也推动着科学向社会各界传播。

1.5 研究目标与突破点

1.5.1 研究目标

科学社交作为一个实践活动，目前国内外学术界对其研究无论是从概念、起源，还是类型、发展历程，少有人关注，是科学传播研究的一大空白。科学社交所涉及边界交往的互动，是本书研究的最重要目标。透过科学社交，我们能够进一步深入看清科学与其他领域的"边界"互动方式、传播结构，这对科学传播具有重要的现实意义。本书将以"科学社交"作为研究的切入点，从而勾勒出科学社交的传播形态历史变迁，同时在分析科学社交舆论领袖的传播推广下，阐明科学社交的边界地图、场域和流动资本。本书结合案例，进一步论证科学社交边界的传播控制，总结科学社交边界的传播模式和互动机制，最后根据中国的实际情况提出新时代下的科学传播建议。

1.5.2　研究进路及重要问题

本书以科学社交作为研究视角，对科学社交的传播历史形态深入研究，由表及里地分析科学社交空间的流动趋向，探析科学与其他领域在交往过程中的边界结构，从而阐释科学社交边界的资本贸易往来，进而总结出科学交往边界的传播控制，建设性地提出未来科学社交边界的优化传播模式类型，为我国的科学传播提出参考建议。

本书总共分为九章，以总—分—总的形式进行论证，从概念的界定，到史料的例举，再借助理论上的成果分析，到最后总结传播模式类型。逻辑思路结构如下：

第一，首先归纳出不同历史时期科学社交的历史发展过程，从史料中挖掘过往历史已有的科学社交传播形态，如飨宴社交、广场社交、官邸私密社交、科学风尚社交、政治社交、公共社交等丰富多彩的科学社交方式，通过生动有趣的例证来展现科学人士在不同形式的科学社会交往过程中推动科学的发展进程。

第二，结合案例，进一步阐明统治者、主教、贵族、大家族、银行家、官绅、资本家等社会阶层在与科学人士的交往过程中，都曾给予极大的帮助，为科学的发展做出巨大贡献，成为最有力的科学传播舆论领袖。

第三，运用社会交往理论、混沌理论深入分析科学社交的时空传播结构，提出科学与其他领域社交边界的矩阵形式。

第四，综合运用场域理论揭示出科学社交边界的传播资本，如国家元资本、经济资本、社会资本，促使科学边界贸易区的产生。

第五，结合国际现实，深刻指出，为了有利于国家统治，历代统治阶层与科学的交往采取既亲近又远离的管理方式，对科学边界传播进行适度控制。

第六，分析中国现当代科学社交的传播案例和存在问题。针对中国现当代不同时期的社交个案进行重点研究，总结其中的社交特色，同时指出当前中国科学社交存在的问题。

第七，最后总结出科学边界的交往传播模式类型和互动机制，如科学社交边界线性传播模式、科学社交国际边界传播模式、科学边界生态系统传播模式、科学社交边界的生活传播模式等，为中国科学传播理论提出新的建议。

笔者以为，解决科学社交的重要问题，具体来说有以下几个方面：

第一，在科学社交过程中，科学主体与社会其他领域相互交织的耦合作用问题。科学社交是一个混合、混沌的状态。在这种状态下，现代科学新的增长点与创新机制很大成分都是在外部因素，诸如社会、经济、技术的影响过程中生产的。科学社交本质上是一种积极主动并带有选择性的外在重组，同时也是对过去传统科学独立认识的一种扬弃与颠覆。传统观念普遍认为科学的创新是在一种内在机制驱动下完成的，但是随着社会各个领域日益渗透和跨界，科学创新力越来越依托与外在的社会领域的联合协同性发展。外部的各种因素客观上影响着科学的发展方向，并冲击着科学的相对独立性。笔者认为可以从科学社交的历史发展阶段去窥视科学与外在的互动作用。

第二，科学社交与其他领域的边界问题。科学社交的边界，不同于哲学层面的边界。基恩在传统的科学划界问题上，提出了著名的划界活动理论，即"科学家选择性地赋予科学体制（即其从业者、方法、知识存量、价值和工作的组织）一些特性，以建构一条将一些知识活动区别为'非科学'的社会边界"。① 基恩认为，在科学与种种非科学之间建构一条边界对于科学家追逐职业目标，比如获得知识权威性和职业机会，以及保护科研自主性不受政治的干预等是有帮助的，同时，这也阻碍了"伪科学家"获得这些资源。② 当从科学社交层面来考察边界问题时，目的在于如何从外界获取更多的资源推动科学发展，因此，就不会刻意去设定固定的边界。边界是一个时隐时现的渗透体，它不是固定存在的，而是具有动态性，它可以被"按需"赋予。科学社交，使得科学具有协商性，科学具有包容和多元性。笔者认为我们需要在一种整体的视野下开放地看待科学的图景。

第三，科学社交的系统性。科学发展至今被各个领域所影响、渗透，本身就是一个大的系统。科学社交就是一种动态演化下的过程，各种社会异质性因素影响科学活动，形成了科学系统。科学内部系统和社交的外在系统在动态的演化之中，推动着科学的发展，构成了影响科学的发展力量。外在领域与内部交流是科学系统有序演化的需要。笔者认为科学社交打破了科学的封闭性，使科学的内部与外部自然流通，科学源源不断被输入新的营养和血液，爆发出创造力。狭隘地排斥科学交往，则会阻碍科学发展，延缓科学进程。

1.6 研究方法

本书采用交往行为理论、场域理论以及科学史、案例研究等方法进行

---

① 马乐. STS 中的边界研究——从科学划界到边界组织［J］. 哲学动态，2013（11）：84.
② 同上.

深入研究。全篇在搜集科学史相关文献资料的基础上，梳理科学社交的历史发展过程与传播形态，借助交往行为理论、场域理论等定性研究方法探寻科学社交过程中的科学传播模式和互动机制；最后在案例研究的基础上，分析未来科学的传播趋势，并提出相应的建议。

第一，科学史研究法。本书利用科学史的研究方法，分析科学社交的传播形态、发展历程，揭示科学社交的变迁。笔者借助历史发展的眼光、变化的观点来分析科学社交不同阶段的特征，同时采用分阶段、分类别的形式加以联系和比较，剖析科学社交现象。

第二，交往行为理论。本书以传播学法兰克福学派哈贝马斯的社交理论为基础，同时借助传播学欧洲思想先驱西美尔、马克思等的社会交往理论进行研究，分析科学社交的内涵与科学社交边界的传播结构。

第三，场域理论。场域理论是布尔迪厄著名的理论。本研究将借助场域理论来分析科学场域中的权力关系，探寻科学社交中的资本兑换贸易问题。

第四，案例研究。为了分析科学社交视域下的具体传播方式，本书选取个案进行研究，从案例中分析科学人士或科学共同体与外界交往的传播过程，揭示科学与社会的互动作用。

第五，文献资料法。本书通过对相关文献资料的查找，来加强科学社交的论证基础；同时借助文献资料的搜集，为立论提供理论依据。

第 2 章

科学社交的传播形态变迁

纵观历史发展，每个时期的科学社交方式都不尽相同，也不具有唯一性，而且有时会几种社交方式并存。对于科学社交的研究，本书实际上是以动态的视角考察科技知识分子社会交往的时空范围。这个时空范畴，既有物理上的意义，同时也有社会关系的理解。社会交往的时空区域是各种交往人群社会阶层的标签，是人们共同观念下来谋求、维护一定的社会资源的科学关系空间。马克思与恩格斯的科学传播观来自对交往的认知，他们认为："某一个地方创造出来的生产力，特别是发明，在往后的发展中是否会失传，取决于交往扩展的情况。"① 哈贝马斯在他的著述《交往行动理论》中也提出四种社会交往类别，即目的（策略）行为、规范调节的行为、戏剧的行为、语言的交往行为。笔者认为，科学社交，是科学共同体带有一定的科学目的（策略）行为、科学规范调节行为，在科学的戏剧展示过程中，最终达到科学的沟通传意性，即向社会各个阶层进行科学传播的社会交往行为。笔者将以科学史的研究视角，分析科学社交的时空发展变化，梳理不同时期科学社交传播形态的历史变迁。

---

① 马克思，恩格斯. 马克思恩格斯选集：第 4 卷［M］. 中共中央马克思恩格斯列宁斯大林著作编译局，编译. 北京：人民出版社，1972：60.

2.1　古代科学社交的起源

科学社交历来有之，最早可以追溯到古希腊、古罗马时期。这个时期的科学活动是在没有固定的社会角色及特定的社会圈子的情况下进行的。我们现在称之为科学家、科技人员的角色，实际是在 19 世纪以后才逐渐确立起来的。古希腊、古罗马从事科学活动的人员身份大部分是以哲学家、教育家、神职人员、技术人员的身份出现。历史上科学发展过程中曾呈现中断、停滞以及倒退的现象。本·戴维提出过这个基本看法之后，又从历史上系统考察了专门从事科学活动的科学家角色是怎样一步步形成，科学活动又是怎样逐步确定社会圈子和逐步体制化的；从而有力地说明为什么近几百年来，科学发展绵延不断，达到前所未有的繁荣境地，并成为社会生活中的重要体制。①

由于古希腊、古罗马时期已经有了民主观念，因此"科学社交"在这个时期表现出自由、民主、平等的特点。一种社交方式表现为广场式社交，另一种方式则以古希腊、古罗马城邦盛行的社会风俗即飨宴社交体现出来。

2.1.1　科学"广场式社交"

早期哲学人士科学交往的空间范围非常广袤，其交往方式更像是一种广场式社交。所谓"广场式社交"是指社交的区域广阔而且不固定，不同社会阶层的交往不会受到等级的严格限制，其社交的特征表现为知识分子不受约束地游历于不同国家，可以在广场自由辩论与讲学。著名的科学家泰勒斯、毕达哥拉斯、柏拉图、亚里士多德表现得尤为典型，他们都曾游

---

① 刘珺珺. 科学社会学 ［M］. 上海：上海科技教育出版社，2009：76.

历于不同国家，并与不同国家的国王、贵族进行社交，在各大广场对公众进行科学演讲。

表格1 古代著名知识分子人士的游历地区①

哲学家	游历社交的地区	科学成就
泰勒斯（公元前580年）	游学巴比伦、埃及	测出了金字塔的高度，证明了关于圆的半径和三角形的5个重要定理
毕达哥拉斯（公元前580年）	游学叙利亚、米利都、得洛斯、埃及，广场演讲，创办团体	发现了勾股定理
柏拉图（约公元前427年）	游历四方，创办学园（Aacademy）	手稿、著作40多部，13封书信，代表作有《理想国》和《法律篇》
亚里士多德（公元前384年-公元前322年）	游历亚索斯城、列斯堡岛、印度，在柏拉图学园学习，创办吕克昂学园，广场演讲	讲课的笔记、论文和著作，主要著作有《工具论》《形而上学》等
欧几里得（公元前330-公元前275年）	游历雅典、埃及，在柏拉图学园学习，研究柏拉图著作	《几何原本》

古代著名的科学家泰勒斯、毕达哥拉斯、柏拉图、亚里士多德在游历中，不仅传播科学知识，而且也增长自己的见识，进一步完善研究理论。泰勒斯曾游历于古巴比伦、古埃及，广阔的社交生活，让他眼界大开，测出了金字塔的高度；毕达哥拉斯游历于叙利亚、米利都、得洛斯、古埃及，发现并推广了"勾股定理"；欧几里得游历于雅典与埃及，写出并传播《几何原本》。亚里士多德社交空间的地域和国家则更为广阔，他游历

---

① 徐佳宁. 科学交流的源起——古典文化时期的科学交流［J］. 科技情报开发与经济，2010（20）：26.

了阿塔内斯、亚索斯城，随后移居到了毗邻的列斯堡岛上，展开了海洋生物学研究。（如表格 1）更重要的是，这些学者在社交中与不同国家的国王、贵族们建立了深厚的友情。亚里士多德与亚索斯城的君王赫尔米亚交往频繁，在他的邀请下，亚里士多德在赫尔米亚宫廷里与一批思想家们进行科学交流与探讨。

早在公元前 3 世纪，古希腊就出现了中心广场，人们称作阿果拉（A-gora）。阿果拉也叫市政广场，是公共生活的中心。阿拉果既是城市社交活动的中心，也是国家政府管理机构的所在地。在这里，人们可以畅所欲言，发表见解，相互辩论，思想、文化可以相互交流，观点自由交锋，民主得以体现。著名的哲学家苏格拉底、柏拉图、亚里士多德常常在此信步闲游，会聚朋友，与公众自由探讨哲学，科学思想在此传播。芒福德这样描述早期的阿果拉："早期的 Agora 是无组织的和不规则的形式，时常像是一个开放的空间，比城市里的主要街道稍宽一点。"① 发展完备的阿果拉通常为正方形或长方形，古希腊的阿索斯广场就是一座型制较为成熟的梯形广场，周边为观众提供方便观赏的梯形排列台阶座位，中间设有讲坛。在阿果拉的外围，有众多建筑，诸如纪念雕塑、泉水房、圣殿甚至较小的神庙。希腊化时期，围绕在阿果拉周围的公共建筑主要是柱廊。柱廊是人们散步、聊天、教育或集会的地方。芝诺是斯多葛派的创始人，他和其追随者被称为"斯多葛派"，就是因其经常在柱廊集会而得名。② 阿果拉、柱廊等建筑向所有公民开放。在这个广场上，所有公民都是平等的。科学广场社交的平等开放、自由讨论、理性批判的特性吸引公民从四面八方汇集而来。古希腊有一句著名格言，"场所自具力量"③。其本源来自广场式社交。因此，在这种社交方式的激励下，古希腊涌现出了一大批杰出

① 温济聪. 从传播学角度浅析古希腊广场文化 [J]. 新闻爱好者，2010：101.
② 解光云. 述论古典时期雅典城市的公共空间 [J]. 安徽史学，2005：5 – 11.
③ 温济聪. 从传播学角度浅析古希腊广场文化 [J]. 新闻爱好者，2010：101.

的知识名人，如希罗多德、索福克勒斯、阿里斯托芬、苏格拉底、柏拉图、色诺芬等。广场式社交几乎成了当时人们勇于不断探索科学的重要途径。在智者的推动下，能够具有在广场进行科学传播的能力也被看成是当时个人提升名望、地位及影响力的基本素养，所以很多闲暇之人对科学探索都抱有极大的热情。阿果拉的社交空间是开放的、横向的、发散性的，它已经成为古代科学思想的重要传播场所。

2.1.2 科学"飨宴"社交

另外，"飨宴"社交在公元前2世纪到公元前1世纪前比较盛行。这种社交形式也被称作"夸富宴""库拉"，是被古希腊看作社交活动的重要习俗。具体形式体现为，参加社交的人员相聚一起，各自带上自己烹制的佳肴，如野味、粮食、水果和奶酪，一起聚餐，融洽彼此之间的关系。参加社交的人员有政治家、戏剧家、医生、哲学家、青年贵族，还有各种艺人，要求以"公民"的身份，十五个人左右一桌，平等地在一起吃饭。飨宴成为浓缩整体公民的小规模社交聚会。聚餐是公民属性的标识，餐桌成为一种社交工具。在雅典，飨宴社交逐渐演变为介于城邦公共活动和家庭私人活动之间的一种独特的社会活动，它被看成知识分子、社会精英、文化名人哲学探讨、科学思想交流的重要场合。法国著名社会学家马塞尔·莫斯指出，"库拉"的出现说明，史前社会已形成了持久的社交圈，或者说社交网络。他指出，所谓"库拉"就是"圈"的意思。带着礼品出访，是在一定的地理范围之内，要沿着一定的方向和顺序进行。通常贝壳手镯和项链都是用于社交的赠答礼品。他们就是以这种特殊的珍贵礼品为中介建立起神圣化的人际关系空间，并且社交空间则是通过固定的礼节规则加以统一的。①

---

① [日] 山崎正和. 社交的人 [M]. 周保雄，译. 上海：上海译文出版社，2008：103.

柏拉图和色诺芬的《会饮篇》曾有记载，苏格拉底、伯里克利都是飨宴社交的常客。苏格拉底在飨宴中，有着超强的酒量，席间他一边和大家聚餐，一边以深邃的思想，渊博的学识和大家进行科学探讨。以苏格拉底为中心开设的飨宴社交，谈话在允许的自由限度之内，可以无拘无束地发表自己的观点和见解，畅所欲言。在聚餐过程中，大家一边享用美食，一边聆听他人的见解，分享谈话和见解的乐趣。飨宴社交的话题都是有一定深度的，但不限定所谓的权威意见，只要你能谈出深邃的思想，都会得到大家的赞赏。飨宴社交的意义就是要求大家在热烈的气氛和思想碰撞中，增长智慧和学识。

同样，亚里士多德也非常喜欢以"飨宴"社交的方式展开科学讨论。亚里士多德经常在自己创办的"吕克昂"里展开飨宴社交。吕克昂是一所殿堂和一座体育馆——公众消遣娱乐的场所。① 亚里士多德赋有"逍遥派"的美誉。在这里，亚里士多德建立了宽松休闲的社交氛围。他以一月一次聚餐的方式让成员们轮流主持、畅所欲言，相互辩论，进行科学论证。这种用餐制度，具有特别的意义，大家人人平等地在一起吃饭，席间交换重要的科学信息，增进感情。亚里士多德的飨宴社交方式，长达十二三年之久，并且形成了自己对科学分类的重要传播思想和对科学领域的卓越见解。后来这种酬酢交谈的"飨宴"科学社交，逐渐流传下来，如今，人们将学术讨论之类的宴会称作"symposium"。② 也就是在餐后进行的酒会中，与会者边饮酒边谈话，进行学术探讨，大家畅所欲言。这种自由式的学术讨论开启了科学新的思想风气，并成为科学传播的重要渠道。

---

① ［英］乔纳逊·伯内斯. 亚里士多德［M］. 余继元，译. 北京：中国社会科学出版社，1989：10.

② ［日］山崎正和. 社交的人［M］. 周保雄，译. 上海：上海译文出版社，2008：104.

2.2　15－17 世纪私人家宅性科学社交

2.2.1　伽利略等学者流连往返于"官邸科学社交"

近代科学的社交活动，最早可以溯源到 15 世纪意大利时期。这个时期的科学社交更多的是以富豪、贵族、绅士的官邸和宅院作为社交的基本场所，因此具有了私人性质。家宅作为早期社交的活动空间，具有一定的私密性和自由性。由于大都是私人较好的朋友聚会，保证了社交的人际圈子的信任与友好。官邸作为社交空间，使得成员之间存在着密切的互动和良好的私人关系，通过共进午餐或共同游玩来形成很好的科学研究氛围，他们彼此展示成果，交换思想意见并且保持通信联系。这个社交圈子的成员身份多样，不具有局限性，但都是上层社会各界名流，形成了一个以家宅作为聚集地的社交私人圈。这种社交方式的特征表现为，赞助人私下里将朋友们召集到自己的宅邸中举办小规模社交集会，其赞助者基本是在大都市中执政治、经济和文化之牛耳的世俗富豪们。

早年间，伽利略经常到好友意大利博物学家潘因里家中做客，并在他的家里住过一段时间。潘因里是一个有权势、有资产、有学问的大人物。潘因里经常在家中接待来访的权贵和学者，同时还经常邀请帕多瓦的文人墨客一起聚会。在潘因里的帮助下，伽利略 28 岁就成为帕多瓦大学数学、科学、天文学的教授，收入是在比萨大学时的三倍。潘因里祖先留下一笔丰裕的家产和一座宽大的宅第。他用这笔财富收集了大量的手稿和书籍以及其他文物。他的宅第成为帕多瓦知识团体的沙龙聚会点，伽利略经常定期在这里开设讲座，文人墨客出入其中。有时，甚至地位显赫的权贵也屈尊驾临，为的是结交文人，附庸风雅。伽利略在潘因里家的客厅里结识了萨比。萨比是威尼斯共和国有影响的官方神学家。① 在潘因里的家里，经常做客的还有贝拉明主教和巴贝利尼主教。"他们都是掌管大权的红衣主教。他们在城外换了装束，以修士而不是以红衣主教的身份来到潘因里家。在受到亲切问候和礼貌款待之后他们才露出真实身份。"② 在中世纪的西欧，天主教在国家的政治生活里占据统治地位，不仅要掌管人们的思想文化，还要参与国家政权的管理。神职人员具有很大的权力。而红衣主教的权力仅次于教皇，他们有的在罗马教廷任职，有的负责一个教区。教会机构和世俗政权共同统治教会国家。红衣主教在教会里的正式名称是"枢机主教"，因穿红色礼服而被称为"红衣主教"。除了主教，包括各城邦的王公贵族都来潘因里家中倾听伽利略讲述他的新发现。这种私人官邸社交非常流行，成为当时许多学者交流思想与了解最新研究动态的好去处。潘因里去世后，这个团体中的爱好者们的主要聚会场所就转移到了意大利著名拉丁诗人和外交家奎伦格家，他是一位大教堂的教士和拉丁诗人。③ 伽利略十分喜爱奎伦格的诗歌。沙格列陀夜也是伽利略的好朋友，他经常举办晚宴，邀请威尼斯的许多上层社会知名人士和科学文化名流。伽利略同时还经常在私人的宴会和府邸举办望远镜展示会。在此期间，伽利略社交人群有教皇、贵族和富豪大家族如美第奇家族的托斯卡纳大公公爵。托斯卡纳大公公爵喜欢结交一些文人墨客。很多艺术家都是他的座上客。他还愿意和科学家、学者交朋友，表现他的智慧和高雅。他经常把这些艺术家和学者请进王宫，参加奢华的宫廷宴会。比萨大学的教授也都在被邀请之列。为了得到权贵的庇护，伽利略经常参加一些社会名流组织的宴会，特别是托斯卡纳大公举行的宴会，他更是积极参加。因为这不仅是

---

① ［英］S·德雷克. 伽利略［M］. 唐云江，译. 北京：中国社会科学出版社，1987：52－53.

② 同上，54－55.

③ 同上.

一种享乐，还是一种荣誉，也包含着社会对他才学的肯定。

贝萨里翁出生于 15 世纪的特拉布松，是天主教会君士坦丁堡宗主教徒。在意大利期间，贝萨里翁热心参与意大利文艺复兴活动，赞助学者，经常在自己的罗马公馆举行社交聚会。许多人文主义者都与之交往密切，波焦和瓦拉都是他的好朋友。贝萨里翁经常在自己的住宅举行文化沙龙，和人文主义者讨论希腊古典作家作品，尤其是关于哲学方面的。① 在 15 世纪 50 年代和 60 年代之间爆发了一场关于柏拉图科学思想的辩论会，就是在贝萨里翁的公馆里展开的，这场辩论会极大地推动了意大利科学的启蒙，学者们自觉或不自觉地成为文艺复兴时代科学的传播者。

意大利最早出现的科学社交形式，是在领袖伯塔那石勒斯家中集会中建立的，成员的候选人要求介绍自然科学方面的新论据作为入会条件。同样，著名的格雷山姆学院，遵从财政官僚托马斯·格雷山姆的遗愿，以格雷山姆的伦敦宅邸为院址，将有志者们集结到一起。17 世纪由蒙特莫尔作为赞助人，在自己的宅邸也开设私家聚会。该聚会曾由于伽桑迪和旅法荷兰人惠更斯的参与而闻名。另外在佛罗伦萨郊区的奥蒂·奥里切拉里花园里，各界名流会经常不定期地举行花园聚会，讨论科学思想。

2.2.2　切西公爵、美第奇家族私宅庇护下的科学社交

近代时期的官邸私密性社交，虽然是一种自发的、非正式的科学社会交往方式，但其实是以认识目的为基础的特殊的"社会圈子"。这个圈子以私人的官邸和宅院作为活动空间，由君王、贵族、商人、教皇作为赞助者和庇护方，与科学知识分子一同带着独特的兴趣和爱好，建立私人的社交关系。官邸社交方式因为有了神父教皇的参与和富豪大家族的支持逐渐

---

① 杨晓柳.14 - 15 世纪拜占庭知识阶层的活动及对意大利文艺复兴的贡献［D］，东北师范大学硕士学位论文，2006.

扩大，为科学新思想的形成和传播创造了良好的条件。

早在 1603 年，意大利的切西公爵提供庇护资助，在自己的家中成立了"山猫学院"，和科学家们讨论问题。所谓的"山猫学院"最初有四位热爱科学的青年人组成，共同居住在切西公爵的宅院里，切西公爵为大家供应生活必需品。后来在切西公爵的设宴招待下，伽利略也加入了该学院，他的科学威望吸引其他科学家随后加入。学院的运作相当正式，从成立至 1610 年，一直定期举行集会，并在会议上交流科学发现。当时，切西公爵希望把学院变成国际性的机构。在切西公爵的倡导下，"山猫学院"形成了知识传播网络。他一直致力于通过信件交换、会员交流合作来达到知识的传播。为了进一步扩大传播效果，切西公爵还提出了资助会员的研究成果。1613 年切西公爵赞助出版了伽利略的《关于太阳黑子的通信》，1623 年又赞助他的另一本著作《试金者》。1625 年，弗兰西斯科·斯特鲁迪利用显微镜对蜜蜂进行观察的报告也正式出版，这可能是历史上最早出版的利用显微镜进行科学研究的著作。① 切西公爵的官邸社交的支持，为近代早期科学知识传播提供了最有利的物质基础。

被誉为"意大利的翘楚"的美第奇家族对科学传播也起到了重要作用。在佛罗伦萨，该家族的成员托斯卡纳大公菲迪南德·德·美第奇二世与他的兄弟利奥波德亲王经常举办社交聚会，同时在自己的家中创办了一个实验室，并给予经费上的资助。经常汇聚于此的有伽利略的学生、宫廷数学家维维安尼和托里拆利，宫廷医师弗朗西斯科·雷迪，丹麦地质学家尼古拉斯·斯坦诺，解剖学家波雷里及天文学家乔凡尼·多美尼科·卡西尼等其他十几位科学家。社交的宗旨在于发展和传播伽利略的科学研究精神和其数学方法，这被认为是欧洲近代科学建制的开端。另外，在美第奇

---

① 罗兴波.17 世纪英国科学研究方法的发展——以伦敦皇家学会为中心 [M]. 北京：中国科学技术出版社，2012：4.

家族的资助下，人文主义者费奇诺在美第奇家族的花园里成为柏拉图研究的重要发起人。这些贵族的家宅府邸以及贵族花园，已经构成了当时科学社交的重要聚会场所。

2.3　17 - 18 世纪的科学风尚社交

2.3.1　英国皇家学会的时尚社交

17 世纪，英国成为科学发展的中心。这一阶段，英国不仅出现了哈维、玻意耳、牛顿等大科学家，更主要的是，这一时期科学被认为是上层人士"有闲阶级的业余爱好"，科学逐渐演变为一种社会风尚，成为上流社会社交的必备议题。像英国皇家学会的大讲堂、图书馆和实验室则成为上流社会社交娱乐和交际的重要场所。

英国皇家学院最初创办的宗旨是要致力于科学传播的推广。因此该学院购买了艾伯马勒街 21 号的房产格雷厄姆的豪宅作为皇家学院的场所，计划在此基础上扩建大讲堂，进行科学传播；同时建立图书馆和实验室，以方便容纳更多的公众社交。学院当时的主要负责人伦福德伯爵聘请了著名的建筑师韦伯斯特一同设计，将皇家学院建造成开展科学活动的重要社交场所。在伦福德伯爵讲稿的一段介绍中指出："皇家学院的活动场所除了本机构的使用外，不要忘了它的公益性，其主要来自实验的验证和完善性的精神能够向社会上流阶层扩散。当富人们在思考和被鼓励类似这种机械改进是有用时，他们将会从中获得娱乐……"① 皇家学院设计的讲厅，

---

① Thomas Martin, "Early Years at the Royal Institution", The British Journal for the History of Science [J], Vol. 2, (Dec. , 1964), pp. 105.

像一个大剧院，可以容纳近一千人。其中半圆形的演讲厅装在一个封闭的矩形区域，可以从外延的雅宝街通过二楼，并向上延伸到三层的高度，最巧妙的是屋顶上点着灯笼。这种结构的设计也是出于方便下层民众来大讲堂听讲，又不打扰上流社会的绅士淑女们社交。剧院下面的一楼，是宽敞的博物馆或称列模型的房间，再下面又是一个大型的科学实验室。（如下图2、图3、图4）①

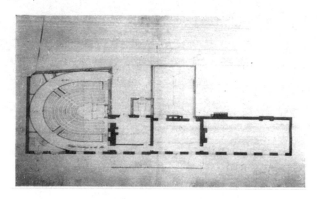

图2 皇家学院草图设计方案

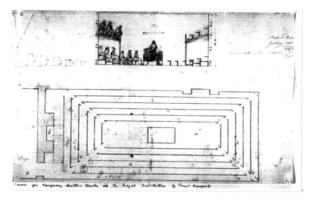

图3 皇家学院的讲厅、画廊，为540人提供住宿房间的设计草图

---

① Thomas Martin, "Early Years at the Royal Institution", The British Journal for the History of Science［J］, Vol. 2, (Dec. , 1964), pp. 108 – 109.

图4　皇家学院演讲厅实图画

　　皇家学院将二楼的临时大讲堂改建为图书馆，增加和完善书籍的收藏。筹建的图书馆提供书籍、报纸和杂志，图书馆分为一间书籍阅览室和一间外文报刊阅览室，皇家学院的实验室当时是英国乃至欧洲最好的实验室之一。大讲堂、图书馆、实验室成为上流社会成员阅读和交际的重要场所。

　　皇家学会最初并不是一个纯粹的科学家组织，它这里的成员中有很多是来自社会活动家、诗人或文学家、土地贵族、乡绅、伦敦的银行家、巨商、律师和医生等，以及他们的亲友。这些成员并不见得在科学上有多大成就，他们只是作为有闲阶级对科学有着强烈的好奇心和兴趣，充当了科学家的代言人和赞助者，并通过社交，获得一定社会地位与名望。皇家学院为了推动科学传播，经常举办科学讲座，如化学、地质学、自然哲学、植物学和动物学，同时也有其他历史、音乐、医学、植物学、生物学、文学和技术等等的特色课程，有趣的是，还有古董研究以满足上流社会收集各种稀奇古怪的东西的欲望。皇家学会聘请知名学者和社会名流来讲课，讲演既时尚又具有娱乐性，同时还以实验的方式制造惊奇的效果，受到了上流社会的普遍欢迎。例如戴维利用科学实验，演绎了很多有趣的化学现象，让大批的观众为之惊叹。伯纳德爵士提出建议："要有一种新的认知，科学要为上流阶层的生活带来娱乐和职业，科学和有用的职业将是某种程度的时尚。"① 从此，很多富裕的上流阶层不论是身着正装的绅士，还是淑女贵妇，都把科学认为是一门非常时尚的学问。而且"科学"也成为太太们社交沙龙中闲谈的主要时尚话题之一，甚至很多上流社会的女性都积极参与，类似像实验、大气、可燃性气体的科学议题成为当时太太们社交晚宴、化妆室闲谈必聊的谈资。

科学社交的活动，极大地促进了科学向经济上和时间上比较优越的上流阶层的传播，他们的财政赞助也为科学的运营与发展奠定了良好的经济基础。当时伦敦的社交圈达到鼎盛时期，大约有一万多人，他们参加连续不断的社交、舞会、宴会派对、程式化的交际与活动等。科学被看作是"年轻绅士和淑女"社交时应当学习的课程，不仅是因为科学被看作理性的娱乐消遣方式，同时了解它也是进入社交圈必须具有的素质。在社交场所实验室经常展示的仪器如太阳系仪、显微镜、地球仪、望远镜、发电机、空气泵、气枪也成为贵族阶层把玩的奢侈品，它们不仅是娱乐的中心，也是社交互动的焦点，更是上流社会追求文雅生活所青睐的对象。皇家学会为成员提供合意的社交活动，成员在其中享有平等地位。皇家学会为会员提供与科学相关的社会交往，例如分享通信网络，获取经济利益，参与观察，使用仪器，阅读文章等，② 它成为上流社会开启明智，科学启蒙的最好的社交场所。"格兰维尔称皇家学会为'神奇的圈子'，承认他殷切渴望 F. R. S.（Fellows of the Royal Society）这三个神秘的大写字母带来

---

① Thomas Martin, "Early Years at the Royal Institution", The British Journal for the History of Science［J］, Vol. 2,（Dec., 1964）, pp. 105.

② 李斌，柯遵科. 18 世纪英国皇家学会的再认识［J］. 自然辩证法，2013（2）：43.

的力量和荣誉。1820 年一名作家在《爱丁堡评论》上表示：'科学是通往最高时尚圈的介绍人。'"①

2.3.2　沙龙派对式的科学社交

17 世纪中叶，沙龙派对式的科学社交逐渐兴盛。沙龙是法语词 salon，其意为具有装饰性的较大的会客室，后来特指在西欧上流社会兴起的一种谈论学术、文学、艺术或政治问题的社交集会。一直到 18 世纪，沙龙的盛行达到了高峰。在这段时期，以女主人的客厅、咖啡馆、酒馆、会馆为场所的科学沙龙纷纷在不同国家、地区建立。科学社交的场所不仅具有一定的公共性，同时也带有一定休闲性和娱乐性，一直成为社会精英青睐的地方。科学社交空间也兼具多元性、分散性、群居性和流动性的特点。科学传播始终是与轻松优雅的社交过程紧密相连。沙龙聚会气氛轻松，便于畅所欲言，集散自由，而且允许各个不同领域、不同阶层、不同社会地位的人们相聚一起。这种轻松自由的科学社交形式不仅满足了人们追求情趣生活、追求知识的需要，也为人们提供了休闲的空间，受到大众的喜爱。

法国学者丹纳在《当代法国的起源》中讲述了法国人与生俱来的社交性。17 世纪的法国人才辈出。虽然宫廷内也有社交，但尤其是以附庸宫廷生活的女主人公沙龙作为舞台。沙龙的女主人公把社交中的交谈看成是"人生的最大乐趣"。最典型的代表人物是法国知名的朗布耶侯爵夫人，在其巴黎寓所的豪华客厅里为法国的杰出人士设立了专门的社交场所。女主人公的沙龙客厅，也创造了科学的理性氛围。在艾吉永公爵夫人的沙龙里，帕斯卡解释了机械计算机原理。瑞典女王克里斯蒂娜与高级交际花出身的妮农来往亲密，她在女主人妮龙的沙龙上也曾经邀请过晚年的笛卡

---

① 征咪. 科学协会与身份认同：1714–1837 年英国阶级的科学文化［D］. 南京大学硕士学位论文，2013.

尔，并给予庇护。①

咖啡馆，是当时沙龙派对最集中的社交场所。17 世纪初，咖啡馆在威尼斯首开，之后又传到了英国的剑桥、牛津、伦敦。大大小小的咖啡馆也在这个时期传到了法国。此时，科学被赋予了神奇的魔力，成为咖啡店社交沙龙里大众娱乐的话题。1655 年，药剂师阿瑟·蒂利亚德在牛津大学万灵学院附近建立了咖啡馆，经常举办各种科学沙龙，成为牛津和伦敦人才流动的聚集地。这里聚集了一大批擅长音乐、数学、哲学、建筑学多才多艺的社会名流和国家精英。这些名人花费大半天时间在咖啡馆边饮咖啡边讨论着最新的消息。他们对新的实验科学有兴趣，一起观察日食、月球、空气实验。年仅 20 岁的波义耳就是当时咖啡馆的老顾客。咖啡馆已经成为社会精英光顾的社交场所。

咖啡馆的社交空间结构是独特的，既可以开放，也可以封闭。在一个咖啡馆内，内部座位沿墙分列于屋子两旁，中间是一过道，中心地带是长形的大桌子形成的活动带，有着较强的开放性。大厅周边和楼上都有小型及专用的咖啡间包厢。包厢里面被低矮木板分隔，而人们基本上是被分成各个单元。这里不仅成为各个阶级的消费对象，同时在塑造完整人格方面也满足了人们对科学知识的心理需求。咖啡馆是科学沙龙的平台，是不同阶层对话的公共空间，作为培育大众科学创新的土壤，很多科学思想就是在这里得到了民众的支持而传播开来的。因此咖啡馆被美称为科学的舞台，一个市民的学术机构。

除此之外，会馆、酒馆也是科学社交沙龙派对的重要场所，这些场所的社交空间开阔，随意自如，除了休闲性外，还具有一定的互换和流动性。18 世纪下半叶以后，产业革命开始，科学成为时尚的最前沿。这个时

---

① ［日］山崎正和. 社交的人［M］. 周保雄，译. 上海：上海译文出版社，2008：122，125－126.

期，新兴的中产阶层、产业资本家阶层越来越关注科学，而且成为主要的赞助者。中产阶级不仅把科学作为一种爱好，同时也作为有趣的娱乐方式，并且经常以沙龙社交的方式进行自我的科学教化。

1765 年，"月光社"成立，它由企业家马修·博尔顿赞助，是企业家、科学爱好者和工匠们聚集在伯明翰的会馆一起进行实验和社交的场所。因定期在月圆之夜举行会议，故而称为"月光社"。"月光社"社交的场所经常聚集在索霍会馆、大巴尔会馆。"月光社"社交的主要目的是促进成员们的科学兴趣和彼此之间的联系，这些成员在财富上有所差别，有职员、商人、工程师、制造商、医生、建筑师、仪器制造商等等，他们一方面作为经纪人资助科学，另一方面利用闲暇时光参与科学研究，促进了科学的发展。最典型的要数珀金。珀金在燃料公司积累了少许财富，于是卖掉了工厂，36 岁就从企业引退下来，用自己的存款在自家建立其实验室，埋头于自己喜欢的学问，送走余生。[1] 普利斯特列等人的科学研究在经济上得到了经营铁工厂的老板博尔顿的支持。[2] 在月光社中，企业家、工程师与科学家的界限越来越模糊。

这些沙龙，财力在很大程度上是靠当地的企业家和制造业者支撑的。科学社交成为中产阶级生活中不可或缺的重要原因，不仅因为它是巩固中产阶级社会地位的重要纽带，更重要的是通过它能够掌握占据社会风尚的主导力量，在新兴产业都市中成为领导者。作为中产阶级，他们急于向社会昭示自己存在的意义，并且力图在新兴产业都市中建立起秩序。

---

① ［日］谷川安. 科学的社会史：从文艺复兴到 20 世纪［M］. 杨舰，梁波，译. 北京：科学出版社，2011：115.

② 同上，100 – 101.

2.4　18 – 21 世纪科学权力的政治社交

日本学者山崎正和在著作《社交的人》中提出，政治不过是社交的另一种称呼，政治家在各种层面都与沙龙女主人十分相似，甚至要求具备在专业上像樊尚·瓦蒂尔那样施展的才能。他们在政治家同伴中间必须是一个社交家，在大众面前还必须担当能显示出遵守礼仪的示范演技的角色。山崎正和认为，社交变成了疲惫的掌权者逃离现实的避难所。社交曾一度被认为是权力支配的工具，以奢侈挥霍作为威慑潜在敌人的手段，而慷慨赠予成为吸引同伴的策略。山崎正和同时指出，拿破仑第一次战败后召开谈判会议，与会代表每天晚上参加晚宴和舞会，在这种场合，政治名副其实地在社交中展开，这是与 18 世纪传统一脉相传的梅特涅的政治手腕，工作离不开游戏，政治大半是作为沙龙中的博弈展开的。从 18 世纪开始，科学共同体希望科学家能够在国家中获得一定的政治地位和权力，认为这样才能更有利于科学的传播与发展。因此积极与总统、权贵名流交往以便获取科学权力的政治社交，成为 18 – 21 世纪的科学共同体的重要任务。最主要的科学社交方式体现为隐秘俱乐部、旋转门机制。

2.4.1　共济会、宇宙俱乐部、波希米亚俱乐部

18 世纪 – 20 世纪，精英俱乐部成为重要的科学社交平台。俱乐部（Club）最先兴起于 17 世纪。18 世纪，俱乐部逐渐兴盛起来，并且成为城市生活中精英科学社交的普遍形式。最初，俱乐部只是一种非正式的社交宴饮、舞会聚会组织，通常指那些为特定目的如贸易和社交而组织起来的团体。随着社会发展，俱乐部逐渐被界定为："常规的一种聚会，是基于组织性的公共宴饮的场所，这个地方融合了一般意义上的社交性，同时具

有更多明确的目的性。"① 此时的俱乐部被看成是一种"社交阶梯"公共关系的联络方式。后来,俱乐部逐渐成为正在兴起的商界和专业界精英所独有的一种上层社交方式。这种社交方式,有严格的等级,而且非常私密,非阶层的人或者不具有上流社会认可资格的人都不能加入。俱乐部有专属的标志、严格的秩序与纪律,"每个成员每年需缴纳一定的会费和一定的选举费用,新加入的成员需获得三分之二以上社团成员的同意,并需要至少三名成员的签名推荐"。② 凡是加入俱乐部的每个成员,都有着共同的利益诉求和行动目标,并且在私下里结成互利的网络通道。俱乐部会以多种形式帮助成员实现政治诉求和社会利益的获取。这其中,就有很多知名的科学人士加入了精英俱乐部。例如,牛顿是斯巴尔丁绅士俱乐部成员。斯巴尔丁绅士俱乐部(Spalding Gentlemen's Society)③始于 1710 年,是一些绅士以斯巴尔丁一家咖啡馆为聚会场所,在苏格兰贵族布克洛希公爵资助的基础上建立起来的。这个俱乐部的成员大都是上流社会的著名人士,也有著名学者、艺术家、作家、生物学家、学术赞助人,还有 18 世纪英国最伟大的诗人亚历山大·蒲柏等。此时的科学社交意义不再仅仅局限成为上流社会培养科学兴趣、交流思想观念的平台,更重要的是政界和商界人士从国家发展以及商业操作实践方面,看到了科学在社会工业、商业、农业等方面发挥了积极作用。科学已经成为上流阶层掌握政治权力的一部分,并赋予它有利的地位。

精英俱乐部是上流社会社交的一种身份的象征,社交场所往往聚集在希尔顿等之类的高档的星际酒店、别墅、高级会所。"西装、带袖口的白

---

① F. O'Gorman. Peter Clark. *British Clubs and Societies*, 1580 – 1800: *The Origins of an Associational World*. (Oxford Studies in Social History.) New York: The Clarendon Press, Oxford University Press. 2000. pp. xvii, 516. Urban History, Volume 28, Issue 3. December 2001, pp. 435 – 461.

② 袁弋腾. 19 世纪英国中产阶级自愿社团研究 [D]. 南开大学博士学位论文,2013.

③ http: //www. spalding – gentlemens – society. org/

衬衫、领结、雪茄"是俱乐部成员出席必备的装束，例如纽约的"世纪协会"、匹兹堡的"杜肯"、芝加哥的"芝加哥"、新奥尔良的"波士顿"和旧金山的"太平洋联盟"等等①这些俱乐部都聚集着众多社会名流。因为基本上以男性为主，固有"老爷俱乐部"的称呼。俱乐部社交场所的典型装饰标志往往会挂上一些狩猎来的动物标本，如熊头、鹿头等。精英俱乐部因为它的私人性、不公开性、保密性，对外具有了很多神秘的色彩。因为涉及众多要人，很多重大的政治、军事、经济等政策都在这些俱乐部酝酿出来。

著名科学人士加入历史上比较著名的精英俱乐部有共济会、宇宙俱乐部、波希米亚等组织。这些俱乐部是欧美国家阔佬、权贵和名流们的私人聚会，最显赫、最知名的人物如总统、工业巨头、金融家、出版商和新闻界巨子、外交界的名人、最高法院的长者、国会中的煽动者和鼓动家、现政府的高级官员常会聚在这里，而且金融界、学术界、政府、商界、西欧和美国工党中的主要精英，都会秘密参加俱乐部的盛会。在这个社交平台里，科学可以借助私人关系渗透、穿越超越党派和意识形态的边界。

共济会即"自由石匠"（Freemasonry），成立于18世纪的英国，是目前世界上最庞大的精英俱乐部。该俱乐部由分规、曲尺和书本作为象征符号（如图5），融汇了上流社会众多精英，如著名政治家、金融家、艺术人士和文学家、企业家等。其成员有美国两任前总统布什家族的几乎全体男性成年成员、前任总统奥巴马、前英国首相丘吉尔、布莱尔以至大名鼎鼎的美利坚开国领袖华盛顿、欧洲音乐家莫扎特、哲学家罗素、自由主义传道士哈耶克、波普等。很多著名的科学人士也都分别从不同的立场加入了共济会，与上流阶层要人结成了紧密的人际关系网络，其中包括牛顿，爱因斯坦，托马斯·爱迪生，亨利·福特，本杰明·富兰克林，蒸汽机发

---

① 谢芳. 解读美国上流社会 ［J］. 社会，2003：56－58.

明者詹姆斯·瓦特，物理学家、植物学家伊拉斯谟·达尔文，疫苗发明者爱德华·詹纳，青霉素的发明者弗莱明等众多著名科学家，以及美国高校的校长如加利福尼亚大学第一任校长，约翰霍普金斯大学第一任校长，卡内基学院第一任校长，康奈尔大学第一任校长，美国历史学会第一任会长。① 科学精英已经逐渐成为该俱乐部的中坚力量，与其他领域的重要人物融为一体，互通有无，并且在社交中秘密商讨着如何运用科学推进国家政策与制度的改革，利用科学技术巩固国家的政治权力，科学的传播不仅渗透到各个领域，更为重要的是科学社交的政治意图成为知识分子交往的重点。

图5　共济会标志②

宇宙俱乐部（Cosmos Club）③ 成立于 1878 年，是坐落华盛顿特区的一个高端社交俱乐部。（如图6）1878 年，宇宙俱乐部成立之初，其创始人，美国军人、地理学家兼美国西部探险家约翰·韦斯利·鲍威尔就将社交目标既定为"它让科学，文学和艺术的成员进步"。该俱乐部的会员都是在科学、文学和艺术上有成就的男性。宇宙俱乐部自成立以来，旨在帮

① ［美］彼得·布莱克斯托克. 共济会的秘密［M］. 王宇皎，译. 北京：人民文学出版社，2011：183 - 187.

② http：//view. news. qq. com/zt2012/Freemasonry/index. htm

③ http：//www. cosmos - club. org/

助成员提升在其专业上的学术能力或者创造成就。该俱乐部曾有4位总统，2位副总统，12位最高法院大法官，32位诺贝尔奖获得者，56位普利策奖获得者和45位荣获"总统自由奖"奖章的成员。

图6 宇宙俱乐部大楼外观①

宇宙俱乐部实际是凌驾于国家之上的王室、贵族、总统、富豪、银行家的一种高端的社交平台。这里的成员有总统、法官、军事家、艺术家和科学家，成为国家中的超级精英的聚合体。（如图7）美国著名的科学家万尼瓦尔·布什则是宇宙俱乐部的社交常客，这也是他最喜欢来的处所。在这里，万尼瓦尔·布什经常会与总统及政治要人商讨科学的政治发展与未来计划、国家推广应用等问题，而科学家的身份在这里也具有了政治的元素，成为科学政治家。科学政治家成了城市里面受到高度景仰的人。有人说："突然间，物理学家在华盛顿的聚会中成为著名的人物，被邀请到社会学家的聚会上，终身研究社会学的专家带着崇敬心情聆听他们对社会的意见；他们也参加宗教社团的聚会，谈论神学；请他们支持世界政府的计划；也请他们为国会的委员会做关于原子核的简洁演讲。"②

---

① https：//www.cosmosclub.org/

② G·帕斯卡尔·扎卡里.无尽的前沿：布什传［M］.周惠明，等译.上海：上海科技教育出版社，1999：373.

图 7　宇宙俱乐部 Warne Ballroom①

　　加入宇宙俱乐部非常不容易，需要名流推荐并经过考核才可以成为俱乐部的会员。科学家萨根很想加入设在首都华盛顿的"宇宙俱乐部"。但是由于它的门槛很高，他进去相当不容易。他邀请社会名流联名推荐游说自己，但即使如此，萨根还是被拒绝了。又过了几年，萨根又尝试了一次。后来有朋友告诉萨根说，他之所以被拒绝，根本原因很可能出自他对UFO的态度。多亏了若干著名学者（包括老朋友、兰德公司的凯洛格在内）的支持，萨根总算进了这家俱乐部。②

　　自 1887 年起，宇宙俱乐部将定期会晤地点设在约翰·韦斯利·鲍威尔礼堂。1888 年之前，宇宙俱乐部不允许妇女成员加入，并禁止女嘉宾由前门进入房间。1988 年后，宇宙俱乐部经过改革投票后，接受妇女成员。1990 年，宇宙俱乐部开始了自己的宇宙出版物。

　　波希米亚俱乐部（Bohemian Club）（如图 8）位于旧金山，成立于1872 年，也是全球限级的美国隐秘知名权贵俱乐部，成员有总统、政要、企业家、金融家、科学家、艺术家。该俱乐部每年 7 月都要在波希米亚树林的野营地举办两周夏令营，并向每位会员收取一万美元年费，严禁成员

　① http://www.harvard‒dc.org/article.html? aid=725&m=true
　② 凯伊·戴维森. 展演科学的艺术家：萨根传［M］. 暴永宁，译. 上海：上海科技教育出版社，2014：245‒246.

对外谈论活动。很多在科学领域中做出贡献的知识分子，都会被邀请加入俱乐部。例如曾担任总统科学顾问、美国工程院院士、世界传热学的掌门人田长霖，就被邀请加入了该俱乐部，并成为重要的成员。科学在政治社交中成为必不可少的重要组成部分。

图 8　波希米亚俱乐部徽标①

波希米亚俱乐部的成员包括共和党和民主党总统、美国国务卿、国防部长、金融大财团、大家族继承人、高科技企业的 CEO、世界银行行长、知名媒体新闻主播、总编辑、著名小说家、漫画家等等。

美国航空航天局前局长肖恩·奥基夫就是波希米亚俱乐部的一员。他是在著名核物理学家雪利的邀请下，成为该俱乐部的会员。奥基夫也推荐过化学家西博格，但是申请被拒。内华达大学科学院的吉姆·塔拉尼克院长也加入了波希米亚俱乐部，他透露这里的成员大多是律师、银行家、作家、艺术家和科学家。

2.4.2　科学的旋转门机制

20 世纪两次世界大战之后，诞生了一个新的科学专业化组织"科学家

---

① 　https：//www. google. com. hk/url？sa = i&rct = j&q = &esrc = s&source = images&cd = &ved = 0ahUKEwivgp_ qx

的新集团"。这个新的组织是科学知识分子形成的一股势力,不仅仅意在科学的普及与传播,更重要的是争夺社会的主导权,推动国家改革。他们依靠科学界和各个领域的社会关系网络,快速地向政治、工业界、经济、教育、文化领域等方面延伸,致力于推动国家政策的改良。"旋转门机制"是科学人士政治社交的重要平台。

　　20世纪末-21世纪初,科学的政治社交以美国的"旋转门"机制体现得尤为突出。美国的"旋转门"是科学与权力结合最有效率的机制,也是知识分子为科学争得权力的重要社交领地。所谓的"旋转门"机制是指科学知识分子、政府官员、思想库以及商界名流之间的职位转换。美国的精英人士可以在科学智库、政府和工商界之间有规律地流动,他们的角色可以不断转换,就好比走旋转门一样。① 每个政党和总统背后都要有科学专家做顾问,提出有利于政党胜出的政策或者帮助总统推行国家政策改革。"旋转门"的机制构建了科技精英社交的人际网络传播平台与渠道。通过一年一度的"旋转门"机制,科学精英在通往政治权力改革上有了便利的空间。借助"旋转门",科学人士可以自然地穿越科学与政治之间的界限。一方面,科学人士的身份可以直接转变为政治家,充当总统的内阁成员,协助制定国家的科技政策;另一方面也可以邀请政府官员参加不对外公开的私人午餐、内部会议、专题研讨会、纪念会、答谢餐会,讨论最有争议性的政策议题,受邀参加这种会议的往往是政商学界的名流。"旋转门"的这种社交方式,是一种非官方的学者与政府互通有无的交流平台,既可以保持与国会议员密切的私人关系,也可以邀请前政府官员到智库任职等。通过"旋转门",不仅实现了科技研究人员身份的不断转变,打通了科技知识分子、政府官员与商界人员之间身份转换的壁垒,同时也使掌握大量专业知识的智库学者们成功地将知识转化为"权力"。在这样

---

　　① 李凌等. 智库产业——演化机理与发展趋势 [M]. 上海:三联书店,2012:86.

的社交平台上，科学与政治、经济融合在一起，越来越成为推动国家改革的重要力量，也成为总统竞选获胜的强大后援支柱。

例如，奥巴马与罗姆尼在总统竞选时，分别提出了不同的科技政策主张，以此来获得民众的支持。奥巴马把科学技术议题放在了重要的位置，得到了大多数民众的支持。竞选获胜后，奥巴马立即成立了美国总统科技顾问委员会，并召集知名的科学家担任重要职位。其中，物理学家、环保论者霍尔德伦通过旋转门机制，顺利地被委任为总统科学技术助理和白宫科技政策办公室主任。当科学家们获得政治话语权后，纷纷从科学政治的角度对美国的科学发展政策提出了重要的改革意见。当然，每一届总统选举后，就会有大约几千名高级官员和政府工作人员，通过旋转门转换身份进入科学研究院，一方面在研究院和科学人才一起积蓄更多的科技经验，发挥实践才能，争取更多科研项目，在科技、工业领域方面发挥重要的影响力；另一方面以这种方式再次扩大人脉关系网络，汇集和找寻更优秀的科技人才，等待时机，准备下一届政府变更时重新获得领导者的内部组阁。有统计说明，在美国，1962年登记的科学家总数是215000名，其中40%在工业部门，30%在教育机构，20%在国家机构，其余的是私人顾问和其他。①

在旋转门的机制下，科学研究院也成为政府和工业家赞助和保护的对象。政府和工业家成为科学研究院董事会的重要成员。例如成立于华盛顿的卡内基研究院是1902年由富有的工业家安德鲁·卡内基建立的。这个研究院有3300万美元的基金，每年花费150万美元在研究上，主要是在它的8个大研究所里，其中包括一个世界首位的天文台。② 卡内基研究院的科学人才的发展不仅影响了美国华盛顿科学的发展，同时也为政府提供重

---

① 刘珺珺. 科学社会学［M］. 上海：上海科技教育出版社，2009：104.
② G·帕斯卡尔·扎卡里. 无尽的前沿：布什传［M］. 周惠明，等译. 上海：上海科技教育出版社，1999：110.

要的科学咨询建议，成为白宫重要的科学顾问。借助旋转门机制，政府、军事、工业上重要的有影响力的人物成为研究院董事会的重要成员，其中包括胡佛，陆军上将潘兴，传奇飞行家林白，罗斯福总统的舅舅、他和科学界的联系人德拉诺，布什的良师益友朱厄特等。①

旋转门机制的科学政治社交平台，建立了科学研究院、政府官员与工业之间密切的人际关系网，实现了研究人员身份的不断转变，打通了科研人员、政府官员与商界之间身份转换的壁垒与边界。这种人际流动的科学社交为美国政府的科学思想保持了新鲜的血液与活力，同时也为科学人才渗入国家各个领域提供了有效的用武之地和便捷之道。科学政治社交成为美国政治决策不可或缺的重要组成部分。

2.5 21 世纪数字媒体的科学公共社交

2.5.1 ResarchGate：跨越时空的科学社交网站

21 世纪的今天，数字媒体的发达改变了人们的社交方式。科技知识分子社交的空间已经不再局限于某个区域，而是扩展到了全球，触及了世界的每一个角落。人们可以冲破种种限制，在数字媒体平台上随时随地进行科学公共社交。这种社交方式打破了时间、空间的界限，以一种低成本、高效率的方式构建了人际互动与科学知识共享。

例如国际上比较知名的科学社交网站有 ResearchGate，MyScience-Work，Academia. edu，Peerage of Science，myExperiment，Scholar Mate 等

---

① G·帕斯卡尔·扎卡里. 无尽的前沿：布什传 [M]. 周惠明，等译. 上海：上海科技教育出版社，1999：110.

等，其中最为典型和知名的要数研究之门（ResearchGate）。2008年5月，"研究之门"为全球的科学爱好者们建立了全球化的社交平台。这是由3名年轻学者，病毒学专家索伦·豪夫迈尔、伊贾德·马迪士以及信息学专家霍斯特·费肯舍在美国波士顿和柏林创办的全球性科学社交网站。"研究之门"是一个数字化科学公共社交平台，它的社交将科学职业、科学爱好、资源共享、讨论以及发表见解、交友等多种方式融为一体。在这里，不同兴趣的科学爱好者，无论性别与国度，都可以借助互联网文件共享、发微博、建立科研论坛等。（如图9）这个社交化的数字平台可以让全球的科研工作者和公众互动，建立良好的社会化关系。"研究之门"的用户已经遍及190多个国家，大约有超过1500万用户都在进行每天的科学公共社交。这种数字社交平台改变了传统的社交模式，他们第一时间捕捉学术领域的热门话题，及时奉献自己的研究动态和最新研究成果，在公共社交中查看彼此的简历，寻找感兴趣的合作者，打通了狭窄的专业圈子限制，互动分享科学信息，建立了广泛的跨学科、跨领域、跨阶层、跨职业的人际交往关系。

图9 ResearchGate①

ResearchGate数字科学公共社交已经被美国和欧洲的政府、高科技企

———

① http：//blog. impactstory. org/impact－challenge－day－2－researchgate/

业和风险投资公司看到了未来潜在的商业价值。2010 年 9 月 ResearchGate 完成了 A 轮融资。之后，首富比尔·盖茨也加入了该平台的投资。Bench-mark Capital 普通合伙人、ResearchGate 董事会成员、LinkedIn 和 Facebook 前执行官们谈道："我们看到'研究之门'在一个全新的市场上表现出来的实力和领导力。"① 美国"RadarNetworks"公司的首席执行长诺瓦·斯皮瓦克认为，"数字传播平台就像是全世界的大脑，每名互联网用户都是其中的一部分。"② 美国社会学家 J·利谱耐克和 J·斯坦普斯合著《网络化》，提出网络权力分散到多个节点上，团队成员的平等发言权得到最大限度的保障。这种网络社交的特点是该团队虽然共同持有一种价值观，但兑现该价值观的具体行动却是自由的，特点是任凭个人自发地发挥多样性。也就是说，该团队以一个目的作为宽松的大体框架，而每个人相对于该目的都处在一个等距离的位置上。这种社交没有牢固的外围轮廓，其活动是通过中心的向心力凝聚而成，它是为一种共感所支配的社交。

ResearchGate 的传播空间，呈现渗透性的边界，它重新构建了人们的关系网络。社会成员之间以自由、自愿、自治为原则形成一个交往空间，不受时空影响地分享共同的价值观和兴趣。ResearchGate 的社交空间，是一个相互交叉的社会关系系统，系统上的成员可以自由平等地协同行动形成的一种"公共生活"。ResearchGate 的数字公共社交实质是鼓励科研人员与外界不断地互通，不断地吸收新鲜的观点和创新思想，在关注和发现外界的资源基础上，完善自己的研究成果和研究方法。数字科学公共社交拓展了科学传播的边界。科研人员与外界的交往、联系越多，信息获取渠道就越多。越来越多用户喜欢在互联网上互相讨论，展开创新思维，传播科学思想。ResearchGate 的用户可以借助数据库、知识管理系统、机构库

---

① http://www.csdn.net/article/2012－02－28/312487
② http://biz.icxo.com/htmlnews/2006/12/11/978080＿2.htm

等知识资源，自动获取并链接关联数据，集成展示科学知识内容。

克林顿执政期间，一位重要的公共外交顾问吉米·迈兹尔在 2001 年指出，"因为网络的概念空间已经是全球化的了，并且已经不能充分地尊重传统边界，个体参与这一空间需要概念和组织的双重变化"。① 公众在数字平台，彼此表达自己的学术见解，思想自由碰撞，激发创新的灵感，通过友善、积极、互助的学术环境，达成共识。这种良性的公共社交关系从陌生人——一般朋友—熟识的朋友—好友关系扩展开来，通过上下行交流、斜向交流、平行交流等，形成螺旋上升的趋势。知识网络与人际关系的交叉形成了公众对科学社交的高度信任感和归属感，实现集体智慧的发展。

数字平台的科学公共社交在商业市场应用中扮演着重要的角色，它是产品生产商和产品销售商优势竞争力的核心要素。科学社交的数字化传播，会引发市场上新资源的快速整合和优化配置。商业资本对科学数字传播的支持与赞助，必定会带动整个实业界对科技传播持续推动的区域发展计划，进一步完善市场与科技研发领域的连接。公众的高知已经是国际化现象，他们是最富有创造力的群体。科学社交再不是某个个人或机构组织内部的事情，而是一个全球社会的集体行为。因此开发公众在数字平台的学习方式，创新机制、科技应用、科技商业化、科研合作等等，是数字时代的重要课题。未来的科技创新不再恪守传统知识学习模式的发展路径。数字化传播情境下的知识模式，加强了科技创新的变革能力，并能及时跟上市场和用户需求变化的速度。科技智能化的数据挖掘能扩展更丰富的合作关系、组织关系以及地理位置的关系，自动识别相似度高的科研群体，最终达到基于用户关系数据推荐最优的科学创新目的。这样就能使高知公

①　Craig Hayde，吴燕妮，吴丹妮. 社交媒体：美国公共外交的力量、实践与概念限制 [J]. 全球传媒学刊，2014：46 – 64.

众随时随地地参与到大学以外的那个不断变化的科技学习传播平台和社会商业市场中去。未来的数字科学网站、科学数字公司、科学数字市场将都是前所未有的新的社交实体。

2.5.2 Star Walk：科学移动社交 App

数字科学公共社交不仅仅局限于社交网站，还扩展到了科学 App 上，科学 App 的开发也为爱好者建立了科学探讨的社交空间。所谓的 App 指的是移动设备如手机、iPad 的第三方应用程序。科学 App 打造的是一个能让人们装在口袋里的移动化社交平台。随着智能手机和 iPad 等移动终端设备的普及，人们带着手机和 iPad 随意走到哪里，都能在移动客户端上下载安装和卸载应用程序科学 App，并在 App 上与世界各国的人们进行科学社交。移动端的 App 集合了 GPS 定位系统和 LBS 地理位置服务等功能，使电子移动化社交方式突破了时空的局限性，能够迅速锁定用户的所在地，建立区域亲近感，并以此为中心在 App 上建立广泛的社交联系。更重要的是，App 上增设了 AR 增强现实交互系统。公众可以借助手机和移动客户端 App 来实现感官体验。而且移动客户端的 SMUIs 系统功能使口袋里的科学社交成为可能，成为公众社交的重要变革。SMUIs 为同时多人用户界面，该功能能够让许多个用户在同一时间和同一设备上产生交互，多人可以同时彼此互动，共同分享科学经验，一起研讨、游戏和传递与制作图片。装在口袋里的移动科学社交已经成为数字时代公众穿越时空社交的流行趋势。

Star Walk，就是一款非常经典成功的科学社交的星象天文移动应用 App。"《Star Walk》是 Vito Technology 公司开发的一款 5 星天文应用，曾获得过 2014 年苹果设计大奖。"[①] Star Walk 内设很多交互功能，它可以实

---

① http：//lab. feng. com/iPad/App/application/2014 - 08 - 23/Beautiful_ sky_ at_ your_ fingertips_ Star_ Walk_ 2_ 593219. shtml

现星象准确定位，实时动态追踪用户所在区域天空的星座数据，用手机屏幕对准天空，随意移动或旋转屏幕，App 会根据位置自动匹配星空。同时它有摄像机体验实景探索的功能，观察恒星、行星、星座、流星雨，还可以通过旋转三维地球仪模拟地球上的任何位置进行观测。Star Walk 的内置数据库非常强大，"包括恒星列表、星座列表、行星列表和梅西耶天体列表，以及关于月相变化的信息，并在维基百科中描述天体条目的链接，方便用户更详细地了解。"① Star Walk 有公众实时打分、公众意见反馈、参与者列表等社交功能，可以随时在 App 平台上跟世界各国的友人交流科学知识，另外它设置了 3D 效果、背景音乐、夜间模式，可以调制波谱，变换颜色，并添加了希腊神话，让这个社交平台的场景更加人文化，更加壮观绚烂。其中该软件 Satellites Tracking 的功能，是定位观察头顶的 ISS 空间站；Time Machine 向观察者展现天空时移的状态，夜间模式功能，能够保留美丽的夜景，可以看到更多的星星。凡是在 Stark walk 上的公众都可以借助移动 iPad/iPhone，把自己的观测和新发现分享到 facebook、twitter 上，与世界的每一个角落的天文爱好者进行科学社交。

对天文爱好者来说，Star Walk 带来的是专业的星空体验，Star Walk 最大的特点在于，公众学习天文时没有任何难度：手机指向天空，它可以自动识别出本区域的星座数据；公众可以直接打开摄像机体验实景探索的功能，还可以通过旋转三维地球仪模拟地球上的任何位置进行观测。Star Walk 有打分、意见反馈，参与者通过社交环节，能够跟世界各国的友人交流天文知识。

Star Walk，这款 App 软件还提供分享专业宇宙艺术照片。Star Walk 作为公众数字社交软件，下载排行量在前一百名。Star Walk 这款应用，在原地可以进行 360°全景浏览，查看各种星体，并能看到名字和相关简介。应

---

① http：//www. leiphone. com/news/201412/EyXN3YsheZYUJgVq. html

用会根据观察者时间,确定海平面。向上浏览可以看到,现在这个时刻观察者所在的时区海平面之上的星星;向下则是海平面之下。

公众可以将屏幕对准天空,应用会自动帮助匹配到这片星空。移动或旋转屏幕,应用会根据位置变换星空。这是一个非常棒的交互体验,让公众明白星座星系在天空中的准确位置。公众可以躺在草坪上,移动 iPad 或者 iPhone,看到星空美景的样子,同时可以搜索想知道的知识,随时分享到 facebook 和 twitter。这款 App 可以设置背景音乐、夜间模式等,还可以设置波谱,变换颜色,让星空更加灿烂。公众认为 Star Walk 不仅是一款应用,更是一件艺术品。

科学 App,装在口袋里的移动社交,已经成为移动互联网时代新的科学传播方式。App 的研发和应用促进了公众广泛地参与科学研究和科学实验。公众通过科学 App 社交,轻松自由地接触到了科学专业知识,并获得科学共同体的科学指导。同样,科学家们与公众的社交互动,也加深了科学研究的资源扩展与社会实践应用。21 世纪的数字媒体时代,移动互联网的发展让公众在智能终端获得了便携、触屏、高清的丰富社交体验,从而引发了企业厂商加大投资,把科学研发重点转移至移动应用平台。在美国,手机用户在 App 上沟通与交流已经成为生活常态。据调查表明,69.7% 的公众在手机上的社交时间超过了打电话,人们在家中、旅途中、乘坐交通工具时,在餐厅、商场等地方可以随时随地社交。公众在科学 App 平台上的社交不再受空间和时间的高度限制。美国科研机构都非常注重数字技术发展带来的知识和信息传播模式的变革,非常好地借助和利用第三方平台建立科学传播渠道。科学 App 的移动社交,使得各种场所、各个时段都成为科学学习的有利环境,突破了以往时空的局限性,同时也降低了科学传播的成本,提高了科学传播与科学教育的效率。

数字化时代,科学知识的探索,不再是某个人或者某个团体所能完成的,需要把不同知识背景的人群以及公众组成圈子。一个好的科学社交圈的建立，能够让公众资源成为科学发展的助力，不仅有利于科学传播和公众的科学教育，同时也能使受众通过参与科学项目，加强对科学政策、科学精神和科学研究规律的理解。科研人员也能听取外来多方建议，获得有效的科学系统训练和科学灵感，重新建构知识体系，更好地实现科学与社会之间的渗透与交互。数字媒体的科学公共社交，不仅有利于科学的数字化传播，更重要的是推动数字化的全民科学公共"评审"，促进科学事业更好地发展。

第 3 章

科学社交"舆论领袖"的传播推动

科学社交圈的建立，重要的是建立了科学的传播阶层。科学社交的传播阶层，代表了科学与外界的社会互动关系。每个时期，对科学活动关注的阶层都会随着科学的发展而有所不同。到了 19 世纪以后，中产阶级取代了贵族在科学的垄断，参与者数量上急剧膨胀。所谓的阶层，其实质是基于某种社会关系的分化所形成的社会地位以及相应的利益群体。阶层关系是社会的基本关系，它以收入及财富差距、身份差别、职业、社会名誉、贡献大小来区分不同社会群体。不同群体因为所拥有的资源不同，形成不同的阶层结构与权力形式。

科学社交最初的传播阶层是从上流社会开始的，他们既是科学传播早期的受众，也是科学传播的舆论领袖，他们成为科学传播伊始最直接最有力的支持者与推动者。何谓舆论领袖？"舆论领袖"是由美国传播学者拉扎斯菲尔德最先建立的概念。所谓的舆论领袖，是指在社会中具有一定权威性与代表性的人物，他们能够对周围的人发挥一定的影响力，提供信息和指导意见。上流社会最先接触科学，在接受了科学的思想洗礼后，支持和赞助科学大众传播，为之建立有利的条件，成为早期的科学传播舆论领袖。这些科学舆论领袖，又通过二级传播乃至多级传播带动整个社会的发展，通过一层层的传播流逐渐过渡到社会公众阶层。以往的传统研究忽视了科学对上流社会、统治阶层的传播，没有体察到占少数人的上流社会和统治阶层早期对科学传播的贡献。

纵观发展历史，正是因为科学社交界不同权力阶层的支持与资助，科学才得以传播并获得国家及社会的普遍认可。这其中科学社交的舆论领袖包括科学的庇护者，教皇、君王、王室官员、政治家等，他们早期支持科学家进行各种实验，并通过支持科学来获得统治国家的力量；也有科学的赞助方如贵族、银行家、商人、资本家等，他们对于科学的发展给予了极大的资助，并将资助成果应用于航海技术等社会生活，通过增加科学讲座进行推广；还有科学外交家及热衷科学社会活动的管理者、组织者们，他们充当了科学的代言人。在特定的时代，他们因为有着共同的科学兴趣与爱好，积极传播科学，加速科学发展。

3.1　科学政治家

3.1.1　国王的科学供给

在历代的科学社交圈中，国家执政者和权力统治者是科学社交最有利的传播阶层。他们对科学的兴趣和爱好极大地推动着科学的发展，同时也给科学研究人员带来了科学便利和物质帮助。另一方面执政者也逐渐意识到了科学的发展有利于国家的进一步完善。他们对科学有着敬仰之情，是科学的政治家。这批科学政治家中包括国王、教皇与贵族的当权派。

例如，在古希腊、古罗马时期，亚里士多德的科学研究就受到了当时国王的推崇与帮助。亚里士多德与不同国家的国王、贵族们都有着深厚的私人交情。亚里士多德的父亲尼各马科曾经是马其顿国王阿明塔斯的御医。从小，亚里士多德就随父亲进宫，生活在宫廷里，这为他与宫廷的王亲贵族们的社交提供了便利条件。不仅如此，宫廷的生活培养了他独有的贵族气质和学识修养。亚里士多德幼年与国王的儿子腓力普一同相处玩耍过，友情甚笃。当马其顿国王腓力二世长大掌权之后，特意写信邀请亚里士多德担任自己十三岁儿子亚里山大的老师。亚里士多德受到了国王腓力二世和王后奥林比娅的恩宠和尊敬，并给他提供优越与丰厚的科学研究条件。亚历山大长大后，一边扩张自己的帝国，一边关心老师的教学与研究。他为亚里士多德提供了大量的研究费用，下令派自己手下的专人将近数千人员为老师提供海洋科研服务。这些科研服务人员中有打猎的、捕鱼的、养蜂的、喂鸟的，分布在希腊和亚洲的各个地区进行物种采集，这其中包括波斯帝国境内动物园、禽鸟园、鱼塘的监督者们，凡是他们发现过却没见过的动物或植物，能取实物的取实物，不能取实物的就绘出图样，附上详细的说明，派专人送到亚里士多德那里。亚历山大部队出征时，如果遇到珍禽异兽，奇葩异草，也收集起来送到吕克昂。亚历山大的帮助使亚里士多德有了一个很好的科学研究条件，也获得了来自各方收集的自然研究的宝贵资料。正是在亚历山大的帮助下，亚里士多德建起了一座规模可观的生物实验室，进行了广泛的博物学研究。①

公元前 348 - 347 年亚里士多德游历期间，他与亚索斯城的君王赫尔米亚成为挚友。作为朋友，赫尔米亚忠肝义胆，精明强干。赫尔米亚曾在柏拉图学院学习过，对亚里士多德的才华仰慕已久。他手握权柄，专制一方，因此特意邀请亚里士多德来他的亚索斯城进行科学研究，同时还请来克赛诺克拉提、柯里斯柯斯、埃拉托斯这三位哲学人士进行科学交流。他们住在阿索斯海滨，赫尔米亚君王为他们提供一切必需品，方便他们潜心研究科学。② 在这里，亚里士多德逐渐形成自己独立的科学见解，并在此后的三年里一直不断地写作、教学和开展研究。随后，亚里士多德移居到

---

① ［德］黑格尔. 哲学史讲演录：第 2 卷 ［M］. 贺麟，译. 北京：商务印书馆，1960：277.

② ［英］乔纳森·巴恩斯. 亚里士多德的世界 ［M］. 史正勇，等译. 北京：译林出版社，2013：13 - 14.

了毗邻的列斯堡岛上，展开了海洋生物学研究。

3.1.2　红衣主教、贵族的科学初期支持

同样，伽利略在与教皇们和贵族的社交中，不仅得到了他们的科学支持，而且多年一直与他们保持着良好的私交关系。他们为伽利略提供了科学政治庇护和生活帮助，也为16世纪的科学传播铺平了道路。伽利略经常带着自己的小发明和科学成果去拜访那些贵族、官宦、科学家和政治家，一方面展示和介绍科学仪器与小发现，另一方面也希望得到他们的认可，使其帮助进行科学传播。最初，伽利略测量某些固体重心的方法引起了吉多波德侯爵的兴趣，侯爵非常看重伽利略，认为伽利略是一位很有前途的年轻科学家和发明家。从此至1607年去世，他一直是伽利略的朋友和赞助人。① 伽利略制作了一台浮力天平，得到了吉多波德侯爵的赞赏。侯爵称赞浮力天平是一个成功的发明，他相信伽利略前程远大，并帮助伽利略在比萨大学谋取了一个教师的位置。② 1613年5月，科西莫大公举行盛大仪式，为他第三个儿子行受洗礼。伽利略应邀参加豪华的狂欢。一辆以天神朱庇特为主题的车，在整个节日期间炫耀展出，车上装饰着伽利略新近发现的星星。③ 1635年，伽利略收到了书稿要在德国印刷出版的建议，费尔迪南多大公自愿为这一计划提供帮助，并且将维维亚尼推荐给伽利略做助手。

除了贵族，伽利略在帕多瓦好朋友潘因里的家里还结识了意大利科学家萨比和意大利神学家、红衣主教巴罗尼乌斯、贝拉明，并得到了他们的

---

① ［英］S·德雷克. 伽利略［M］. 唐云江，译. 北京：中国社会科学出版社，1987：46.

② 同上.

③ ［法］莫里. 伽利略：揭开月亮的面纱［M］. 金志平，译. 上海：上海世纪出版集团，2000：71.

支持，同时还被允许六次谒见罗马教皇保罗五世，他们对伽利略的科学生涯产生了深刻影响。1611年3月29日，伽利略抵达罗马。在罗马，伽利略与克拉威斯神父和贝拉明红衣主教重叙旧好，受到了盛情款待，并应邀参加了罗马耶稣会天文学家们的宴会。在这次宴会上，伽利略展示了自己的望远镜，并介绍了太阳黑子等发现，一些红衣主教和教职人员出席了此次会议。伽利略在给挚友萨尔维亚蒂的信中写道："许多名人接见我，并设宴款待。这座城里的红衣主教、高级教士、亲王，都想看看我观察过的东西，看过后俱为之着迷。"① 随后，罗马教皇保罗五世也特意私下接见了伽利略。依照惯例，谒见时必须跪下，可是教皇不让伽利略这样做，表示相当器重他。② 当时4月初的一份社交公报报道说："一些红衣主教与发起人蒙蒂切利侯爵出席了为颂扬大公的数学家伽利略·伽利莱先生而举行的拉丁语朗诵演讲会和其他节目演出，伽利略因新近观察到古代哲学家所不知道的新的游星而备受推崇与赞誉。"③

回到佛罗伦萨后，伽利略又应邀参加了贵族萨尔维阿蒂家里组织的有关凝缩和稀释的辩论会。"到场参会的还有来访的两位红衣主教。伽利略在这次辩论中大获全胜，得到了后来成为罗马教皇乌尔班八世巴贝里尼红衣主教的支持。"④ 1623年，巴贝里尼红衣大主教当选为新教皇。乌尔班八世，以知识渊博、赞助和支持科学文化事业令人称道，他也是林赛学会（又称山猫学会）的会员，也是后期重用林赛学会的科学人士，被意大利知识界称为自己的教皇。乌尔班八世一直赞赏伽利略的科学才能和新发现。他曾经为伽利略写过一首诗，其中提到"伽利略的镜子"让他看到了

① ［法］莫里·伽利略：揭开月亮的面纱［M］.金志平，译.上海：上海世纪出版集团，2000：95.
② 同上，96.
③ ［美］达娃·索贝尔.伽利略的女儿［M］.谢延光，译.上海：上海世纪出版集团，2002：46.
④ ［英］S·德雷克.伽利略［M］.唐云江，译.北京：中国社会科学出版社，1987：88-90.

奇景。① 在科学政治的斗争中，他保护过伽利略，并为伽利略撰写《对话》铺平道路。伽利略经常给乌尔班写信，让他了解自己最新的科学工作，并把自己的每一种著作寄去一本。同时乌尔班在 1632 年 6 月 23 日的信中对伽利略指导他特别宠爱的侄儿弗朗切斯科·巴尔贝里尼在比萨成功地完成了博士学位的学习表示感谢。② 1624 年伽利略访问了罗马，表达了他对乌尔班的敬意。在罗马期间，伽利略六次谒见教皇，并允许伽利略写一本关于讨论哥白尼体系的书。乌尔班曾经写信给费尔迪南，在这封信中，称赞了伽利略："我用父爱来拥抱这位伟人，他的大名在空中争辉日月，在地上遐迩皆知。"③ 这些赞许使伽利略备受鼓舞，随后伽利略以"关于潮汐的对话"为书名，论证哥白尼学说的优越性。后来，乌尔班八世将书名改为《关于托勒密与哥白尼两大世界体系的对话》，并正式出版，向社会各界广为传播。

3.1.3　拿破仑、富兰克林的科学推动

拿破仑作为著名政治家、军事家，对科学传播做出了重要贡献。1799年，拿破仑·波拿巴掌握了国家大权，从此也开启了法国科学史上最辉煌的年代，无论是在研究的质和量上都远远凌驾于欧洲其他各国。在这个时期，法国涌现了很多著名的科学家，活跃了一大批研究人员。拿破仑是法国科学启蒙主义的产儿，他对科学技术非常关心，并推动了它的体制化进程。他录用科学家作为顾问或官僚，并且提高了他们的社会地位。

拿破仑喜欢私密会餐，经常抽出时间，在石竹宫举办宴会，和科学家、艺术家们交流。拿破仑推崇科学，在他的庇护下，物理学家拉普拉斯

---

① ［美］达娃·索贝尔. 伽利略的女儿［M］. 谢延光，译. 上海：上海世纪出版集团，2002：8.

② 同上，114 – 115.

③ 同上，152.

和化学家贝雷托对法国科学的发展和组织化发挥着决定性作用。他们从拿破仑手中获取了政府要职,同时还得到财政上的支持,并在巴黎近郊的阿尔克伊村拥有豪宅。贝雷托在这所宅邸中筹建了实验室和图书室,允许年轻学者们在这里进行科学研讨。后来这里成为法国科学家群体的一个据点,并发展成为阿尔克伊学会。对年轻学子来说,在学会所受到的著名学者的直接教诲以及其他种种恩惠,是作为科学家走向成功的重要和切实的保障。① 正如科学史家福克斯曾在其长篇论文《拉普拉斯物理学的兴衰》中指出的那样,正是因为有拿破仑政权的支持,以拉普拉斯和贝雷托为核心的阿尔克伊派不仅在科学行政中拥有政治权力,而且在科学研究的内容方面也掌控着法国的科学家们。② 在法国政界,拿破仑对于科学的贡献不可小觑。

　　美国的政治家们与科学家们也有着密切的社会往来,如早期的华盛顿、杰弗逊、富兰克林到当代的克林顿、奥巴马等。政治家们不仅对科学技术有浓厚的个人兴趣,更重要的是从国家利益和发展出发,重视科学技术,希望利用科学探索的声望和客观性来使他们的行动合法化。他们在国家机构中利用科学政策来推动国家政治改革,通过与科学人士们的社交与沟通,建立有效的科学秩序。例如,本杰明·富兰克林作为美国著名政治家、科学家,以及杰出的外交家及发明家,不仅为美国的科学做出了重要贡献,而且积极参与科学社交,结交法国科学精英,为美国的独立解放寻求出路。富兰克林为了北美独立,赴法国寻求帮助,加入了法国著名的科学艺术精英组织"九姐妹"分会,并于1779年成为该会掌门。"九姐妹"寓意为希腊神话中九位文艺女神。九姐妹会所,成立于18世纪法国巴黎,在法国天文学家拉兰德的遗孀帮助之下建立,是法国皇家科学家的俱乐

---

① 〔日〕谷川安. 科学的社会史:从文艺复兴到20世纪〔M〕. 杨舰,梁波,译. 北京:科学出版社,2011:77-78.

② 同上,78.

部。会所成员中的植物学家和数学家帮助组建了新的科学院和艺术院，成为后来法兰西学院的前身。"九姐妹在法国大革命时期具有巨大的影响力和号召力。富兰克林在这里结识了众多法国上层精英，而北美政府也如愿得到法国军队支持，为北美独立运动的成功起到了决定性作用。"①

3.2　科学赞助者

3.2.1　美第奇、罗斯柴尔德、洛克菲勒大家族的经济支持

科学发展，时时刻刻离不开资金的支持。尤其在科学发展的早期，更需要科学资金来开展各种各样的科学活动。很多的大家族、银行家、官绅慷慨解囊，以慈善事业、"基金会"、"协会"的形式，充当着科学的赞助商，成为科学的赞助者，对科学的发展起到重要的作用。早期的科学赞助大部分以私人赞助为主。正如史蒂芬·帕弗雷和弗兰塞斯·道巴拉所指出："我们对文艺复兴后期和近代早期科学发展的理解，已被对赞助展开的研究所改变了。"② 早期的科学活动与研究是因小部分人的兴趣逐渐建立起来的，但是并没有得到社会的广泛承认，因此也不会有收入来源，而且很多的研究工作深入下去需要大量的经费，个人是难以承受的。这就需要获得富有的贵族、大家族和绅士的赞助才能完成。

14 世纪－17 世纪时期，意大利的美第奇家族对科学发展做出了重要贡献。美第奇家族从贩卖金币的银行业起家，凭借其商业势力的延伸而显赫起来，逐渐获取政治地位，并成为佛罗伦萨实际上的统治者。他们爱护

---

① http：//blog. sina. com. cn/s/blog_ c843f46c0102vg6h. html

② 罗兴波. 17 世纪英国科学研究方法的发展——以伦敦皇家学会为中心 [M]. 北京：中国科学技术出版社，2012：6.

科学与文艺，成为文艺复兴运动中科学与艺术事业的热心庇护人和赞助者。他们作为科学研究者的恩主，提供物质帮助和资金资助，在某种程度上带动了科学的发展，也进一步推动了科学传播。例如乔治·普勒桑是 15 世纪影响意大利文艺复兴运动的主要代表。他主要研究柏拉图哲学和晚期拜占庭神秘主义哲学，他向意大利的许多知识分子及贵族讲解新柏拉图主义的本质，以及柏拉图与亚里士多德的区别，他还将斯特拉波地理学带到意大利，并推翻托勒密不正确的地理学理论。乔治·普勒桑因此受到意大利文艺复兴学者和贵族科西莫·美第奇的支持和尊重，他们资助他在梅斯特拉建立了一所柏拉图学院。① 从君士坦丁堡逃亡的学者格弥斯托土·卜列东也在美第奇家族首领科西莫·德·美第奇的庇护下，于 1443 年在佛罗伦萨创建了一所名为柏拉图学院的研究机构。②

除此之外，伽利略与美第奇家族托斯卡纳大公们保持着良好的个人私交关系，伽利略为了增加美第奇家族的荣耀，他将发现的卫星命名为"美第奇星"。1610 年 3 月 12 日《星际使者》正式出版，四颗美第奇星出现在《星际使者》的第一页上，并居美第奇家族徽记的中心，有此枚徽记装设的书，表示是在美第奇家族的保护下出版。③ 不仅如此，伽利略还获得了美第奇兄弟利奥波德亲王和托斯卡纳大公费迪南二世的经济支持。伽利略作为接受资助者，不仅蒙资助人美第奇家族优渥关照可以领到报酬，甚至还可以有保障地获得政府、教会或大学里的职位，而且还可以寄居在美第奇别墅中的托斯卡纳大使馆里。美第奇家族作为资助人，为当时意大利的科学做出了重要贡献，一方面不仅推动了科学的发展，另一方面也增加了

---

① 杨晓柳. 14－15 世纪拜占庭知识阶层的活动及对意大利文艺复兴的贡献［D］. 东北师范大学硕士学位论文，2006.

② ［日］谷川安. 科学的社会史：从文艺复兴到 20 世纪［M］. 杨舰，梁波，译. 北京：科学出版社，2011：14.

③ ［法］莫里. 伽利略：揭开月亮的面纱［M］. 金志平，译. 上海：上海世纪出版集团，2000：71.

自己的社会信誉度。

另外，在社交俱乐部共济会中，犹太系统罗斯柴尔德家族，对科学的发展也提供了强大的经济基础。罗斯柴尔德家族，是欧洲乃至世界久负盛名的金融家族，他们有自己的银行产业链。诺贝尔基金实际上是由罗斯柴尔德家族在打理。1896年诺贝尔逝世后，其遗产由伯塔女士打理。"伯塔女士是德国共济会会员，也是诺贝尔在金融证券投资上的合伙人，她为诺贝尔引进了罗斯柴尔德家族作为合作伙伴。因此，现在的诺贝尔基金并非通常所认为的那样是单一的诺贝尔遗产，而是吸纳了包括罗斯柴尔德金融家族入股的众多合股人的资金，只是始终仍用诺贝尔的名义命名。"①

洛克菲勒家族是美国久负盛名的家族，他们从石油起家，支配着世界石油产业。"这个家族通过洛克菲勒基金会、洛克菲勒兄弟基金会等组织，在教育、科学、卫生以至艺术和社会生活等方面都给予了经济支持。洛克菲勒家族1951年资金达3亿多美元，2000年超过33亿美元。基金会研究不仅仅局限于农业和病毒学，后来又陆续成立了医学科学部、自然科学部。资助的项目不计其数，如弗莱明的青霉素项目、探测镜、X光分解仪的发明、世界卫生组织的计划生育、疫苗接种等等。"② 同时该家族与亚洲及其他地区350名科学家进行合作，培养了183名专家，为科学传播做出了重要的贡献。

3.2.2 贵族、乡绅

在英国，伦敦社交圈的组织机构既通过政府，又通过财产、金融和商业活动，非正式地控制着整个国家。第一次世界大战之前，也就是所谓的爱德华时代，整个社交圈的成员大约有1500名贵族和男爵、1700名非世

---

① http：//www. caogen. com/blog/infor_ detail. aspx？ ID = 32&articleId = 22970

② http：//data. book. hexun. com/chapter – 18211 – 1 – 7. shtml

袭的爵士。他们与大约5000名年收入不低于1万英镑、有资格进入伦敦社
交圈的其他社会精英，包括主教、法官、大律师、名医、编辑或者作家、
艺术家、学者等，组成了伦敦的主流社会圈。① 在这些社交圈中，有很多
贵族、乡绅把科学作为社交的主要谈资，并积极参与科学的运营，成为科
学的经济人，充当着科学的舆论领袖。

例如皇家学会的会员，早期除了一部分科学家加入以外，还有很多科
学业余爱好者，这其中包括很多贵族、乡绅等。这些绅士的加入给学会的
经营带来了资金上的支助，同时也可以称之为"绅士的大集合"。吉皮斯
在他1784年的《对皇家学会近期辩论的观察》中指出，皇家学会有三种
人员组成，即真正的哲学家、一般文学的参与者以及拥有地位和财富的贵
族和绅士。他指出，拥有地位和财富的贵族和绅士作为赞助人，为学会的
发展起到了推动作用。尽管冠以皇家的名称，但学会的财政却基本上靠收
取会费来运行，与私立机构别无二致。由于采用了共同出资制，伦敦皇家
学会不再像以往的学会那样受个人的命运左右，从而拥有了一定的稳定
性。与此同时，私立性质使该组织保持了某种个人主义和非专业主义的属
性。皇家学会成立之初，由于对科学爱好者采取了全面开放的政策，因此
其成员不仅包括对学术感兴趣的人，也包括贵族、政客、乡绅等实际上不
从事研究的名誉会员。其结果是，这些名誉会员最初占据了皇家学会成员
的半数左右。（如表格2）他们的参加不仅使财政上有了一些盈余，而且
使学会的社会地位得到了提升，在学会成立之初备受欢迎。②

① ［英］爱德华·伯曼. 绅士生活 ［M］. 李钊平，等译. 北京：当代中国出版社，2010：
165.
② ［日］谷川安. 科学的社会史：从文艺复兴到20世纪 ［M］. 杨舰，梁波，译. 北京：
科学出版社，2011：39 - 40.

表格2 伦敦皇家学会会员的身份及职业构成

身份	1665年	1672年	1680年	1685年
贵族	33（5）	39（4）	40（1）	15
大臣和政治家	37（7）	40（5）	31（5）	16
乡绅	25（5）	25（3）	27（4）	18
司法界人士	4（3）	5（1）	4（2）	4
神职人员	15（4）	23（2）	17（1）	11
医生	26（11）	30（9）	23（6）	20
学者	13（6）	17（5）	24（10）	25
文官	11（3）	8（3）	7（3）	4
商人	4（2）	6（2）	11（2）	8
外国人	8	18	21	19
不详	3	5	5	—
合计	179（46）	216（34）	210（34）	140（4）

注：（ ）内是活跃分子的人数

资料来源：Hunter M. The Social Basis and Changing Fortunes of an Early Scientific Institution：An Analysis of the Membership of the Royal Society, 1660 – 1685. Notes and Records of the Royal Society of London , 1976, 31, 40①

可见，17世纪以后，皇家学会成为近代科学社交的舞台。支撑着它们的是来自世俗社会中的富豪和君主、贵族，而不是以往的天主教会。② 皇家学会对于贵族和高级阶层的人入会是给予特权的，他们可以不经选举而被接纳入会，只要他们能够遵守已经或将要建立的各种规章制度。皇家学会最初列出了一张四十人的名单，除了已经决定每周定期参加聚会的十二人外，他们给这四十人每人送了一张邀请书，恳请其成为学会新成员。四

---

① ［日］谷川安. 科学的社会史：从文艺复兴到20世纪 ［M］. 杨舰，梁波，译. 北京：科学出版社，2011：40.
② 同上，45.

十人中的大多数对这一邀请的反应是十分令人满意的，因为，在这张名单上只有五人没有成为学会会员。在三十五名入会者当中，十九个可称为科学家，而另外的十六个则包括男爵、主教、政治官员、士兵、古董商、管理人员和诗人、文学家等。① 贵族、乡绅的加入为皇家学会的正常运转奠定了良好的经济基础。

同样，1712 年建立的斯伯丁绅士俱乐部，也是一个科学社交俱乐部，它的财政运行主要靠成员当中的富有的绅士、军官、商人来支持，斯伯丁绅士俱乐部的成员职业可见下表格 3。

表格3　1712 年－1760 年斯伯丁绅士俱乐部成员主要职业②

职业	人数	所占百分比
教士	90	23.62
医生	57	14.97
绅士	55	14.43
商业和贸易	21	5.51
律师	15	3.93
画家	12	3.14
陆军和海军	11	2.88
职业自然哲学和教学家	9	2.36

通过上表，我们不难发现，绅士、商贸者、军官的成员占据了不少名额，他们作为上流社会的有产者，一方面成为早期科学传播的舆论领袖，

---

① ［英］亨利·莱昂斯．英国皇家学会史［M］．陈先贵，译．云南机械工程学会，云南省学会研究会，1980：27－28.
② 征咪．科学协会与身份认同：1714－1837 年英国阶级的科学文化［D］．南京大学硕士学位论文，2013.

另一方面，也支撑着学会的经济来源，为俱乐部的发展奠定了必要的经济基础，成为重要的科学经济人。俱乐部的成员不仅把科学社交看成一种自娱自乐的闲暇方式，也把它作为自己修身养性的必要组成部分。当然，这在当时从客观上也推动了科学文化的传播。

3.2.3 科学商人

17世纪商人也充当起科学赞助者的角色，尤其到了18世纪下半叶产业革命时期，商人、企业家和产业资本家们已经成为科学真正的有力推动者，商人逐渐扮演起了近代早期科学传播的舆论领袖的角色，并在科学活动中占据主导地位。最初，艾伯马勒街21号的格雷山姆学院就是在商人的影响下发展起来的。"格雷山姆学院是在已故的财政官托马斯·格雷山姆爵士的遗产基础上建立的，格雷山姆爵士不仅是英国富有的商人，而且也是皇家交易所的创办人，他将自己盖特大街的宅第空出来捐赠给了学院，并靠皇家交易所的收入得以维持，这里常驻七位教授，他们分别是神学、法律、医学、几何学、天文学、修辞学和音乐等方面的学者，他们经常给伦敦市民和外国游客上课。"① 后来，格雷山姆学院由麦塞斯公司与伦敦市长及市议院共同管理。商人和伦敦市政官员得到了学院的管理权，蓬勃发展的商界，遵照格雷山姆爵士的遗嘱，将以自然科学为主的办学方针得以贯彻。格雷山姆学院建立以后很快与伦敦的几个商人知识分子集团建立了联系，这就极大地促进了伦敦自然科学群体的发展。② 伦敦的商人知识分子集团是由当时伦敦商人、教士和一些知识分子相结合所形成的知识分子群体。在这些集团中，以几个支持自然科学发展的大商人为核心，

---

① Harold Spencer Jones, The Early Years of the Royal Society [J], Journal of Navigation, Volume 13, Issue 4, October 1960, pp. 365 – 382

② 姚远. 近代早期英国皇家学会社团法人的兴起（1660 – 1669）[D]. 吉林大学硕士学位论文，2008.

通过他们与知识分子合作探险或赞助知识分子进行科学研究，将各领域的知识分子组织起来，使不同领域的知识分子间建立起相互的认同关系和学术往来。① 商人在科学的发展中不仅承担着运营，同时还起到了科学的组织者和领导者的角色。他们把科学以及科学仪器看成商品，并把玩和欣赏着，享受着科学带来的乐趣。

在书商詹姆斯·莱金顿的回忆录中写道："有一段时间，几位绅士每周在我家用两到三个晚上来追求科学知识的进步。在这些会议上我们最大限度利用时间，把时间花在地球仪、望远镜、显微镜、发电机、空气泵、气枪、一瓶好酒，以及其他和哲学有关的仪器工具上……"② 可以看出，科学仪器在当时被看作商品，与酒相提并论，并且成为商人们社交的中心议题。商人们在社交中好奇地体验着科学仪器，开启明智。科学商品既成为娱乐的中心，也是社会交流互动的焦点。例如，最初的太阳系仪器被看作商业奢侈品，很多商人把玩它的目的在于彰显出脱离实际生产过程的有闲阶级身份。

"皇家学会曾经拒绝接收约翰·哥特为会员，只因为他是个商人，这时查理王严厉提出训责，他宣布：'如果他们再发现任何这样的商人，必须统统接纳，不得再生是非。'"③ "科学及其实用的技术分支对于资产阶级来说变得日益珍贵，在当时，资产阶级正在开始发现除商业以外，科学活动也是社会地位升迁的一种十分令人满意的工具。"④

---

① 姚远. 近代早期英国皇家学会社团法人的兴起（1660－1669）［D］. 吉林大学硕士学位论文，2008.

② 征咪. 科学协会与身份认同：1714－1837 年英国阶级的科学文化［D］. 南京大学硕士学位论文，2013.

③ ［美］R. K. 默顿. 十七世纪英国的科学、技术与社会［M］. 范岱年，等译. 北京：商务印书馆，2009：60.

④ 同上.

3.3 科学代言人、科学外交家

科学社交的过程中,科学在传播中有很多代言人。所谓的科学代言人,是指向人们介绍科学,传播科学,帮助科学宣传推广的科学工作者。20世纪最为引人注目的科学传播代言人有万尼瓦尔·布什、卡尔·爱德华·萨根、伊西多·艾萨克·拉比。

3.3.1 万尼瓦尔·布什

万尼瓦尔·布什(1890.3.11 – 1974.6.26)是美国20世纪著名的科学代言人,对于公众来说,万尼瓦尔·布什是美国科学的护法神,是"美国最重要的人物之一"。万尼瓦尔·布什曾是华盛顿宇宙俱乐部社交的常客,他在宇宙俱乐部与美国政界的总统、军界、社会名流建立了广阔的社会关系。作为科学掮客,万尼瓦尔·布什将科学渗透到了政界、军界、经济界,他为科学的发展奠定了稳固的社会地位,不仅为科学的发展带来了丰厚的收益,也为科学的运用开辟了广阔的天地。

万尼瓦尔·布什长期担任科学研究与发展局局长,他成为富兰克林之后最杰出的发明家。在第二次世界大战中,万尼瓦尔·布什将科学事业提升到了国家重要的政治战略地位。尽管他有技术专家的外衣,但他关注的却是政治。他是平衡科学界的竞争高手,并且能够游刃有余地处理军方、国会和总统之间的关系。

万尼瓦尔·布什在自己的著作《科学——无尽的前沿》中认为:"政府能用以促进工业研究的最重要的方法是通过资助基础研究来增进新科学

知识的涌现和帮助培育科学人才。"① 万尼瓦尔·布什提出，一个国家的发展，对科学的资助是非常关键的。万尼瓦尔·布什非常聪明，他帮助国家在科学轨道上运转，但不领取国家的薪俸。他一方面想方设法来限制军方对国家安全和科学的影响，另一方面他主动带头将军人、科学家与工业联系起来。布什相信，美国应该让所有科学家们对国家安全拥有最高的权力。

万尼瓦尔·布什在著作《现代武器与自由人：讨论科学在维护民主方面的作用》中提出自己的科学观点，他认为："纯科学研究探测一些研究无非是扩大基础知识的边界，但是应用科学，被工程师和工业利用起来的知识过程实际是在追求一种权威的路径。在自由的国家，在民主的社会，这条路径一直是公众希望追求的，无论它是否能够导致产生治愈人们疾病的新药，或者是提高人们生活水平的新资源，或者是进行战争的新方法。"② 他把工程师看作是众生之中的至尊，是差不多能够掌握现代国家顺利运转的所有活动的人，是一种超级公民。③ 把工程师看成是 20 世纪资本主义的发动机，这种理解和意识使布什有资格成为高技术的教父，成为支持通过革新来使工业具有活力的人。

万尼瓦尔·布什和别人合伙开创公司，运用学院和工业联合起来的思想形成美国"128 公路"高技术园区。而且这一做法启发了他的学生特曼在加州建立起硅谷。布什希望科学能够对国家工业、经济增长、军队、国家安全以及国际合作方面有所帮助，因此他认为科学需要有足够的资助，

① Vannevar Bush, *Science The Endless Frontier* [M], A Report to the President by Vannevar Bush, Director of the Office of Scientific Research and Development, United States Government Printing Office, Washington, July 1945.

② Vannevar Bush, *Modern Arms and Free Men: A Discussion of the Role of Science in Preserving Democracy* [M], Simon and Schuster; First Edition edition. 1949, p.6

③ G·帕斯卡尔·扎卡里. 无尽的前沿：布什传 [M]. 周惠明，等译. 上海：上海科技教育出版社，1999：5.

首先要在教育、研究、军事和国家安全等方面进行改善，但是最终也要在政府的其他方面进行。他认为，对任何人来说，科学都极其重要，它的益处太大，不能把它局限在技术领域之中。在还不十分信服科学治国论的年代，布什已经预见科学技术将对美国未来产生巨大的影响。

历史学家谢里曾经注意到："正像这次战争所表明的那样，'科学家不仅从事创新研究，而且还进而指导起军事甚至外交策略。'实际上，在公司经理、军队官员和管理研究人员之间'一度曾经有清楚的分界，这时它却正在消失。他们所处的角色越来越重叠在一起'。布什本人的情况就是这样。他是他和别人共同创办、接受军事合同的圣光公司的股东，是华盛顿卡内基研究院的院长，同时又是政府机构科学研究与发展局的局长。"① 作为科学代言人，万尼瓦尔·布什将科学升至于美国不曾有过的社会地位，并运用科学来影响国家的安全与决策。他赋予了科学在美国一定的权力与政治地位。

3.3.2 卡尔·爱德华·萨根

卡尔·爱德华·萨根（1934.11.9 – 1996.12.20），美国天文学家、天体物理学家、宇宙学家、科幻作家，他也是非常成功的天文学、天体物理学等自然科学方面的科学传播者。他成功地将科学搬上了电视荧屏，受到了社会各界的好评。

萨根的科学社交领域非常广泛。在加利福尼亚时，萨根作为"行星科学顾问"，一直与国家政界、军界有着频繁的社会交往。萨根为兰德公司工作，与军方有着深入的接触，为美国太空计划开辟新的战场。"萨根作为连接美苏关系纽带的社交活动家，不仅与戈尔巴乔夫交上了朋友，引起

---

① G·帕斯卡尔·扎卡里. 无尽的前沿：布什传 [M]. 周惠明，等译. 上海：上海科技教育出版社，1999：5.

苏联当局对作为科学顾问'核冬天'的注意，还推动了美苏对火星联合探测。"① 除了兰德公司，他作为科学顾问还服务美国空军科学咨询局地球物理部、同一顾问局的"蓝皮书小组"（即空军 UFO 办公室）、国家航空航天局载人空间飞翔鸟办公室"第谷研究小组"等国家机构。② 萨根善于通过社会交往寻找大量资助。萨根手里曾有国家航空航天局一笔为期三年的资助款，计 198000 美元；还有国家航空航天局另一笔为期两年的资助款，计 134684 美元。

在美国的太空计划中，萨根不仅扮演着领导者的角色，而且还被看作是整个科学界、新闻界的重要发言人，并且他发展自己的艺术细胞，与文化艺术名流有着广泛的社交关系。萨根凭借畅销书《宇宙联络》成了电视明星，在《今晚节目》中向上百万电视观众灌输知识。在"海盗号"飞行期间，他又成了电视台有关这一项目的最受欢迎的主讲人；他的火星存在生命的臆想风靡了观众。他像是一名以国家航空航天局的资金为后盾的表演艺术家，进行了形式出众的自我表现。1978 年，他的《伊甸园的飞龙》一书获得了普利策奖。萨根与英国科幻小说家亚瑟·查理斯·克拉克、好莱坞电影导演库布里克有着很好的私人关系，经常在一起为拍摄塑造外星人形象而商讨。在 20 世纪 60 年代中期，克拉克也一直注意着萨根有关金星"地球化"的文字。在 20 世纪 60 年代中期，克拉克同电影导演库布里克开始了将《警戒线》拍摄成电影的工作，片名当时暂定为《外星旅行》。电影中让库布里克最伤脑筋的问题之一，是怎样塑造外星人的样子。出现在好莱坞电影中的外星人，不外是套上橡皮面具和外套的人形，或是巨大的昆虫再添上花哨的化妆。真正的外星人应当有什么样的外表呢？库布里克一度曾打算让外星人穿上"带不规则白点的黑衣服"。克拉

① 凯伊·戴维森. 展演科学的艺术家：萨根传［M］. 暴永宁，译. 上海：上海科技教育出版社，2014：153－154.
② 同上，201－202.

克出了个好主意，他建议库布里克去听听萨根的点子。于是，在库布里克的纽约顶层公寓住宅里，他们三个人一面饮宴，一面聊天。这是萨根初次领略到电影界的法力。库布里克说，他希望外星人看上去像人类。克拉克表示不同意，他说外星人十拿九稳长得不会像人。萨根建议电影中的外星人根本就不露面。他后来告诉作家麦克利尔说："我的看法是，人类在进化过程中所经历的各种具体事件实在是太多了，这类具体事件极不可能在宇宙中的其他地方重现。我的建议是，既然无论怎样具体表现某个高等形式的外星人，都不可能避免地至少会有某个地方不真实，那么，最好的办法就是在电影中不公开显现他的形象。"[①] 萨根的构想使电影艺术中的外星人成为不曾露面的美学朦胧体。

1980 年，他推出了科学传播公共电视系列节目《宇宙》，在这部制作历时两年、共 13 集的电视片《宇宙》中，萨根担任了编剧。这个 13 集的系列片在收看的人数上打破了以往的纪录，并使各地观众受到了巨大震撼，有 60 个国家的 5 亿人次观看了它。萨根觉得自己有能力将科学传播做得更好些。他喜欢与新闻工作者打交道，能够把事情解释得明白而且有趣。他是出色的科学展望家、科学掮客，能够将科学推销给公众，犹如推销员兜售肥皂、传教士教化信徒一样。

3.3.3 伊西多·艾萨克·拉比——科学外交家

伊西多·艾萨克·拉比（1898.7.29 – 1988.1.11）是 20 世纪促进美国科学与政治沟通的一个典型科学外交家，他成为促进美国科学与政治良性互动的楷模。拉比 1944 年获诺贝尔物理学奖。他经常与国家政界、军界人士交往，他以科学研制工作的高效率来进行管理。他成功建议总统设

---

① 凯伊·戴维森. 展演科学的艺术家：萨根传［M］. 暴永宁，译. 上海：上海科技教育出版社，2014：187.

立科学顾问委员会；在奥本海默案听证中，他虽然为奥本海默做了辩护，但未失去官方支持；他还推动联合国秘书长召开国际和平利用原子能会议。50年代中期，他在物理学方面的研究工作基本停顿，转而投身到政治，他始终以"顾问"的方式推进着科学与政治的外交。①

拉比把科学视为一种启发及团结战后欧洲的方式。拉比在1950年成为了美国驻联合国教科文组织（UNESCO）代表。他在1950年6月一次于佛罗伦萨旧宫的联合国教科文组织会议中提倡成立区域实验室。这项努力得到的成果是：十一个国家的代表于1952年共同创建了欧洲核子研究组织（CERN）。

拉比于1952年被任命为美国防卫动员办公室科学顾问委员会的委员，并于1956年至1957年间担任主席。总统德怀特·艾森豪威尔为此于1957年10月15日会见科学顾问委员会，寻求美方对苏联卫星发射成功的应变对策。艾森豪威尔在担任哥伦比亚大学校长时就认识拉比，拉比曾提出一系列方案，其中一项就是强化委员会，使它能为总统提供及时的意见。这项建议获得了执行，委员会在数星期后就成了总统科学顾问委员会，拉比本人也成了艾森豪威尔的科学顾问。拉比在1956年出席了诺布斯卡计划反潜作战研讨会，并担任北大西洋公约组织科学委员会的美国代表。拉比科学的政治外交才能使他获得了卓越成就。

---

① 徐治立. 科技政治空间的张力［M］. 北京：中国社会科学出版社，2006：216－217.

第 4 章

科学社交的传播结构：边界交融

4.1 科学社交的边界形成

4.1.1 科学社交的边界

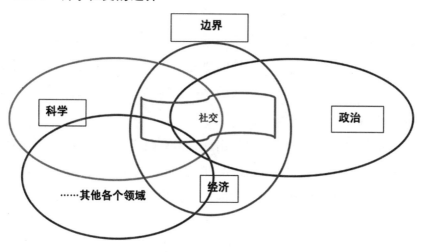

科学与其他领域边界的交融

图 10 科学社交的边界

科学社交的形态多样，使得科学与社会之间日益渗透，科学越来越多地介入到了政治、经济、文化以及社会领域。随之而来的是，科学与社会其他领域交往的"边界"成为一个重要的问题。（如图 10）"边界"的修辞意义是空间性的隐喻，如区域、疆域和领域。① 边界既是分界线，也是渗透膜。② 不同的社交方式打通了科学与其他领域的屏障，成为科学与外界发生联系、沟通和交互的重要平台。通过社交互动，科学与其他领域的边界产生了交集，在与其他领域进行边界互涉的过程中形成了交融区，而且交融程度的条件值，以科学与其他领域的收益大小对比值作为参考，如果科学带来的收益较大，其他领域向科学领地交融的程度则会加大；如果其他领域带来的收益更大，则科学的边界则会向其他领域渗透得更多一些。边界互涉，其实是科学人士交互活动的结果。科学社交的边界交融，不仅意味着边界不是固定和永久的，也说明边界必须被积极维持。另外，边界的确定、描绘和维持通常服务于某种社会功能。科学社交边界已经将不同的"社会圈"连接起来，并渗透到了经济、政治权力中心阶层。这使得不同领域的边界交融区域无论具体还是抽象都成为被关注的对象。它们虽然在交融时结构并不牢固，但是却具有区别和连接的特定功能。社交边界互涉的区域，不仅促进了混合性的研究工作，同时也促进了不同团体之间的合作。知识社会的一个更持久的特征是对各种跨越性边界的关注。边界研究具有重要的理论和现实意义。

　　科学传播有时会以统一的身份出现，但有时也会被看成是具有多样风貌，这取决于科学社交的形态方式。随着科学人士社交于不同场所与领域，科学的生活实用性有时以家常的方式提出，就像所有人都可以参与进来的活动一样；但另一些时候，科学的专业性又以神秘的方式提出，远离常识和非专业的理解。科学的光辉思想运转远远超出了市民的智力可以理

---

① ［美］朱丽·汤普森·克莱恩. 跨越边界——知识　学科　学科互涉［M］. 姜智芹，译. 南京：南京大学出版社，2005：1.
② 同上，47.

解的程度之外。① 笔者通过对边界的考查，建构理论视角，来论证在与社会、政治、经济等领域丰富而复杂的互动边界中，科学是如何在社会各个领域中产生重要影响的。对于边界问题的研究，国内外学者都略有触及，大都是从 STS 研究的视角展开。国内有个别学者是从哲学建构论的视角提及，但是并未有深入展开，缺乏系统研究。过去传统观念对于边界研究大都回溯到科学哲学中的划界问题。雷曼说："最初的边界问题是一个对主流的从哲学、文化和制度等方面区分科学与其他非科学的尝试的社会学的回应。"② 基恩打破了这个僵局。他指出，在一个有点讽刺的意义上，科学划界不是哲学家、社会学家们所能够决定的，它不仅仅是一个理论分析问题，更是一个实践性的问题，并在现实的、日常的环境下被例行地完成着。③ 正如基恩所说，科学的边界是一个实践性活动，需要经常穿梭于科学社交边界的实践者来确定科学与社会其他领域的互动机制。在科技全球化的世界中，科学社交建立的边界已经成为一种发展趋势，并成为我们研究的实体对象。

边界互涉导致边界的交融，形成了边界的重合、归类和分级。科学的边界研究，需要我们从具体的科学社交活动中去考查。因为科学边界是依赖于科学社交传播情境下的一种可变量。科学与社会边界的互动，是科学社交群体之间争夺权力和声望的结果。边界的建立并不是永恒的，而是可变的，随着社交空间和时间的不同、方式的不同而有所区别。科学的边界具有相对性，它相对于特定的情境，要受到一系列情境条件的约束。科学社交的活动空间和时间，以及参加的人员阶层，决定了相关群体可利用的资源的多少。通过科学社交，科学传播的目标和价值观都会在科学边界显

---

① ［瑞士］海尔格·诺沃特尼等. 反思科学：不确定性时代的知识与公众［M］. 冷民，等译. 上海：上海交通大学出版社，2011：65.
② 马乐. STS 中的边界研究——从科学划界到边界组织［J］. 哲学动态，2013（11）.
③ 同上.

现出来。科学社交人员在特定的社交情境中就科学的问题进行商讨，实际是边界上的一种资源整合，边界的交融区无疑是科学渗透社会各个领域中资源与权力的调整区域，并成为科学传播最有效的平台。

4.1.2　边界构成：时间、空间

科学社交的边界是可以移动扩展的。随着社交的方式多样化和高效性，边界的渗透区域也逐步深入。科学社交的边界可以由社交的空间和时间互相交织形成。科学的空间与时间可以通过社交与其他社会领域形成系统，并构成地图，象征性地用边界线分割成区域。这些划分又进一步细分为度、时、分、秒等更小的度量单位。总起来看，它们形成了嵌有参加点的图案。①

科学社交的边界体现在社交的空间和时间上。科学社交最初的空间只能以个人的自由离散状态出现，从固定在一席的饭桌上，再到私密的住宅、宫廷，以及固定的场所皇家学院和咖啡馆、精英俱乐部，以及各种高端会议和互联网。社交的空间在逐步扩大化、稳定化、体制化，社交的范围也由个人的兴趣延伸到群体的上流社会、贵族阶层，以至公众。科学社交的边界在不断地拓展。科学社交的空间范围实际是一个变量，随着不同时期科学社交形态的变化，社交的空间范围也会随着变化。交往空间半径的拉伸，也延长了社会交往的时间。社交空间范围的变化，引发出了交往时间的观念变革。在时间上，早期的科学社交从定期的聚会到每周的聚会，使得社交时间固定化和频繁化。如今所有的社交时间借助互联网已经可以实现 24 小时随机化或者时时化。时空的发达和社交工具的高效，一方面缩短了交往半径的相对距离，另一方面又引发了更宽广的社会交往。

---

① ［美］朱丽·汤普森·克莱恩. 跨越边界——知识　学科　学科互涉［M］. 姜智芹，
译. 南京：南京大学出版社，2005：3.

科学与国家、社会、市场、文化的边界正在变得更加交融，科学已经更加情境化，它已经被那些越来越具有跨界性和越来越短暂的技术、技能和"边界对象"大大加强，它们可以轻易地跨越时间与空间，在不同的研究场所之间转移流动。科学边界细碎和模糊了科学与其他领域的分水岭。科学社交的边界通过空间和时间距离，拉长了边界的渗透区域。纵观科学社交的不同历史时期，其中的物理空间感和时间感都从内部不断改变着科学与其他领域的各种社会交往关系。科学社交的形态是科学人士的一种科学传播行为，这种传播行为是科学人士的科学思维方式、价值观念、物质环境和社会组织方式整合的结果。它的形态由空间和时间建构的边界区域影响着科学与其他领域的互动，也影响着科学边界区域的结构问题。科学社交的边界转移由社交的深度和比重分量决定。不同领域边界间的互动得以在边界时间和空间的拓展上体现，国家、市场、文化和科学的界限已经逐渐交融。跨界性情境化的科学生产模式－2正在兴起。在这种模式下，决策者、研究人员、媒体，甚至一般市民，都对科学的边界结构重新整合有可能生发出创新的模式，或者对最新的"研究发现"给予期望。随着"科学"的边界位置推移，科学生产体制的变革正在悄悄发生。

4.2 科学社交边界的交融：创新力

4.2.1 科学社交边界跨越

科学社交在时间和空间的转化下被整合为更加广阔的时空范畴。由于时空的超越性，使得在科学与社会之间做出一个清晰的概念区分愈加困难。现在，任何社会都是知识的社会；而科学和生产技术又无时无刻不在渗透着社会的方方面面。随着科学日益突破专业化和机构化的边界，"研究者"遍布社会和全球。两个新的因素加剧了科学和社会之间边界的跨越和交融。首先，现在科学教育的大众化明显增加了有知识的社会行动者的比例；更多接受过科学教育的政界人士、公务员、企业家和商界人士，不再被视为不称职的门外汉。其次，职业化科学的简化论意味着，潜在同行的人员储备一直在被系统化地削弱，破坏了一般科学共同体的凝聚性。通过这些方式，科学已经渗透进社会，同时也被社会所渗透。

　　科学、社会、国家、市场和文化都表现出一副相似的图景，也就是彼此范畴之间的界限越来越不清晰。或许划分它们也越来越没有意义，因此助长了对符号化表达的新形式的追寻，并导致后现代主义的夸张。如今的知识生产的异质性和多元化，已经冲破了传统科学共同体的知识禁区，国家、市场和文化也已经变得"模糊"或边界含混。社交边界的扩大使得科学与社会相互入侵和被侵入；此外，更多元化和更民主的环境已被创立，并取代了"发言人"之间的互相沟通，在这个环境中，"专家"的数量激增，我们标之以广场。① 在工业革命中，科学、资本、技术、产业之间传统的边界被打破了。工业革命的先锋是科学家、资本家、工程师和企业家。现代性本身就产生对前工业的、前城市的、前世俗社会的传统分类的侵越，以及新的、动态的和生机勃勃的新分类的跨界性。科学和社会的协同演化趋势——知识生产的情境化的增加和广场的出现——可能代表着人类历史上又一次新的跨界性时刻。② 科学也变得"模糊"，在与其他领域的交融中，它跨越了边界，在共振中获得了新领域的充分给养。应用情境与隐含情境结合紧密，科学和非科学之间的界限就不再明显了。科学在同化对方，同时也在吸收对方，科学的独立空间在国家、市场和文化的充斥下也有了新的风貌。传统的科学内核是空洞的，小核状，但是在与社会的

---

① ［瑞士］海尔格·诺沃特尼等. 反思科学：不确定性时代的知识与公众［M］. 冷民，等译. 上海：上海交通大学出版社，2011：61－62.

② 同上，273.

交往中，科学内核充斥着各种庞杂的成分。科学原本不可分解的内核也已经遭到曾经被定性为是超越科学之外的各种力量的侵蚀，并被散布或分送到越来越多的，而且也是越来越异质的知识环境中。①

科学现在将自己定义为"市民科学"，甚至是"分享"科学，以此表现出适应新环境的开放心态与意愿，尽管这其中的参与机制还有待界定。在知识生产模式－2社会中，科学广场的存在说明了公共空间和私人空间的边界存在着重叠、交叉和变化。正是在这种意义上，专门知识具有跨界性、集体性和社会化分布的特征。②

4.2.2 科学社交边界的混合体：创新力

科学社交的边界在与其他领域之间融合时会处于混沌状态，很多混合论坛和混合型的科技创新空间正在兴起。这些混合论坛是不同领域的跨界和融合的产物，同时也是公众积极主动参与的共享空间。例如，有关创新研讨、某些技术发展、科技新发现等辩论都可以在这里展开，在一系列思想的撞击下，新的重要的知识正在这些混合空间中产生。科学社交边界的混合状态，或者混沌状态，实际是各种利益与观点不同的行动者在这里的相遇和碰撞过程，它为新思想的诞生与孕育奠定了重要的基础。这些空间为知识生产过程赋予了重要意义。越来越多的知识运用到工业生产中，有趣的和具有挑战性的科学可以在混合空间中被生产出来，以及由此带来科学知识传播的变化。不同领域边界的混沌对于科学的探索性的实验设计、模拟、数据收集和分析来说变得越来越重要，它创造了一种没有目的性的自由的灵感激发地。由于这种混沌状态融合了大量跨越性的研究领域，不同领域之间融合与交织后重新再造出新的概念、新的观点和新的结果，并

---

① [瑞士] 海尔格·诺沃特尼等. 反思科学：不确定性时代的知识与公众 [M]. 冷民，等译. 上海：上海交通大学出版社，2011：198.
② 同上，254.

形成更进一步的科学体系。这是科学创新的动力机制，同时也是科学社交边界混沌下的优势所在。

　　1952 年，著名的数学家图灵首次用简单的数学方程式论证了混沌现象，解释了生物系统具有自我组织的特点，即不同的细胞或化学组织，通过杂乱无章的碰撞后交融，经过自我组织进而产生了不可想象的自然生成物。混沌理论带给人们重要的启示，系统会自发生成不可预测的现象，一个看似没有关联的偶发因素都有可能会在系统内部自我组织理论，在混乱与有序之间建立一种难以置信的关系，也就是不确定性的产生和不可预测性，同时混沌现象中系统的自我链接与自我反馈的特点，使系统自我分形、自我重复过程中逐渐扩散。

　　科学社交边界不同领域的融合可以运用混沌理论来解释其创新力。不同领域边界的混沌的主体其实并非个人，而是某类群体，它充满着交往中的合作与竞争的社交关系，这种合作又竞争的关系在混沌与有序的系统中进行着自我的创新组织和整合过程。科学从来就不是构成圣徒传记中"独往独来的众神"，它是一个吸纳其他领域的集合型的主体。换句话说，科学的社交边界是一个汲取新事物的融合平台，它建构的混沌空间成为集体灵感创造的殿堂，这里可以有非主流的科学思想，不需要严格恪守科学纪律，在自由自在的交融空间中，积累的资源构成了可以发生新型事物的数量可观的基本素材与机理。

　　传统时代，科学家一直强调科学在机构、专业以及认知方面的自主，甚至认为科学领域不是一个随便进入的空间。但是随着现代科学的应用领域越来越广泛，科学越来越多地涉足科学之外的领域目标。从这个角度来说，科学的"空间"已渐趋融合。有关社会、经济、文化和政治"空间"的目标开始渗入到科学的边界。知识模式 -2 社会的兴起，无疑将进一步侵占科学的"空间"，并引致科学"空间"与其他"空间"之间更多的相互渗透。在科学社交场域的共振性下，科学的创新力得到了发展。科学通过与其他领域的边界互涉，使得科学知识得到了更新与完善，并且在社交的场域中进行了知识扩散。

科学社交是科学发展的一种组织方式。其目的是引导不同阶层的"参与"。科学的"参与"不仅是科学人士的本职工作，其他领域阶层也可以参与到科学研究中。科学参与研究的新生力量分为两类：一是每一个时期下成长起来的新社会阶层，他们是时代的新生力量，有着参与社会主导权和变革的热情与主动性。例如在科学发展的早期，贵族是新生力量，到后期资本家又成为科学发展的生力军等。而现当代，中产阶级、企业家在科学变革过程中发挥越来越重要的、具有战略性的引领作用。二是那些在社会中的公民阶层，他们对任何社会秩序的稳定和变革都拥有巨大的力量，对于科学的公益性和科学传播的广泛性起到了决定性作用。科学成果传播出去接受各类检验并最终被大众接受。在科学知识的生产中，知识的传播是格外重要的，因为传播中的科学才会爆发出新的生命力。科学社交的边界交融是科学传播回流后的自我给养的场所。

科学社交的另一目的是借助各方资源，实现知识创新，科学社交在边界上通过资源转换，与其他资源优势互补，打通了科学产出与科学输入的渠道，推动了科学自我的"创新研究"能力。由于科学社交涉及的边界领域具有多样性与多元化特点，科学研究的偏好也逐渐呈现多样分支。科学越来越多地卷入科学之外的目标实现过程。有关社会、经济、文化和政治"空间"的目标也通过边界渗入到科学的内部。只有科学与外界资源在不断地碰撞和整合后，科学才能从根本上孕育出新的科学思想和创造力。

4.3 科学社交边界的传播结构

4.3.1 科学社交的边界思想

科学社交的边界结构离不开边界的思想理念。边界的思想源于符号互动论的社会学传统,斯塔尔和格里斯默尔提出"边界客体"和"边界概念"的观点,来解释异质互动的现象。① 斯塔尔和格里斯默尔区分了四种边界客体:知识库(比如图书馆和博物馆)、理想类型(生物学里的物种概念)、边界巧合(一个地理单元比如州和国家是同一个词)和标准形式(索引)。职业人员和业余爱好者的身份有明显的区别,但标准形式和记录信息的程序,是将来自不同社会圈的个体连接起来的边界客体。② 斯塔尔和格里斯默尔在四种边界客体中谈到了重要的一个知识库(图书馆和博物馆)。他们认为知识库,比如图书馆和博物馆具有公共空间的功能,它是一个混合团体协作的结果,为那些需要不同领域的人员共同协作进行工作,提供一个公共空间。其成员有职业生物学家、业余自然主义者、诱捕野生动物者、加州大学伯克利分校的管理者、普通民众、慈善家、自然资源保护论者和动物标本剥皮师。借助共同的措施与形式,他们能够通过合作把那些使他们分开的边界连接起来,将来自不同社会圈的个体连接起来,达到博物馆的目的。③

科学已经积极地参与所谓的"边界工作"(boundary work)之中。界

---

① [美]朱丽·汤普森·克莱恩.跨越边界——知识 学科 学科互涉[M].姜智芹,译.南京:南京大学出版社,2005:64.
② 同上.
③ 同上.

定、勾勒科学在公共空间内的领域，确立并重塑科学形象以适应具体的时间和场合，这些都是"边界工作"。边界作业包括提出观点、研究内容、界定与保护知识实践的体制结构，人们直接并通过惯例来建立、保持、打破、重构知识单元之间的界限。作为"边界工人"，科学家正在积极地参与这些活动，而这些活动又是他们所从事的科学事业中必不可少的一部分。① 边界作业这一概念最早出现在自然科学领域，后来又出现在所有的知识领域，因为边界问题具有普遍性。如今，边界跨越所造成的互动与重组越来越成为知识创造的新的组合方式，也是知识生产与知识构成的中心。

在谈到科学与政治的边界互动过程中，戈斯顿提出需要一些居间机构参与二者的边界行为。这里包括斯特尔和格里斯摩尔的"边界体"、福吉莫罗的"标准聚合体"、莫尔厄的"公关利益组织"等等。② 这些居间机构可以由社会各界的人参与其中，在具有跨界身份的同时，可以灵活地在科学与其他领域的边界行为中起到桥梁和沟通的作用。后来，戈斯顿将参与边界行为的居间机构发展成为实体的边界组织，作为稳定科学与政治的边界基础，避免边界的动乱冲突。他说："'边界组织是骑跨在政治与科学之边界的机构，其作用是使这种边界的临时和模糊的特征内在化。'成功的边界组织要对于横跨在边界内部的外力保持稳定，边界组织在执行这些任务时的成功也被看作是边界的稳定。这时，实际上边界继续进行着边界组织内部的最大和最小差别的协商。"③

另一个与边界研究相关的重要概念，即边界对象。"斯达和格里塞默于1989年提出了边界对象的概念。所谓的边界对象是一种分析概念，是

---

① ［瑞士］海尔格·诺沃特尼等. 反思科学：不确定性时代的知识与公众［M］. 冷民，等译. 上海：上海交通大学出版社，2011：65.
② 徐治立. 科技政治空间的张力［M］. 北京：中国社会科学出版社，2006：172.
③ 同上，172－173.

指那些位于数个交叠的社会世界之间，并且满足它们中每一方对信息的要求的科学对象，它既是边界协商和建构的媒介，又同时是其产物。"① "边界对象的类型异常丰富，包括协议、政策、咨询报告、模型、术语、建筑，等等。"② 边界对象促进了对于科学和国家政策之间内部的交流，推动科学在政策领域中发挥有效的功能，还能在公众中成为呼吁载体，也可以被政治家用来作为施政方针的参考指标，促进科学与公众、政界不同领域的联系与沟通，成为专家和公民、政策官员沟通与合作的媒介。边界对象具有充分的灵活性、异质性和可塑性，成为可以协调的机动体。边界对象的核心在于它可以被多方共享，使得不同领域以边界对象为基础展开合作，同时又保持各自特性。

莱姆仁认为，科学家是寻求塑造科学与商业的边界的积极行动者，其工作取向持续表现出多样性，并且鉴别出以下四种取向：传统型（边界隔离和排斥）；传统混合型（边界试探和维持）；创业混合型（边界协商与拓展）；企业家型（边界包含与融合）；其中，两种混合形态是主要类型，并且特别善于利用学术和产业之间的模糊从事"划界活动"。③ 整个社会就是一个"扩展的实验室"，也就是将每一处局部的实验室与其经济的、政治的、行政的、技术的和科学的环境相联系的大型异质性网络，每个网络都包含了许多界定和影响研究内容、方案的方向和评价结果的参与者，"扩展的实验室"会持续扩大，既不根据主要的计划，也不是靠运气。④ 它们应该作为一个整体被视为"社会和技术的连接网络"。

① 马乐. STS 中的边界研究——从科学划界到边界组织 [J]. 哲学动态, 2013 (11).
② 同上.
③ 同上.
④ ［瑞士］海尔格·诺沃特尼等. 反思科学：不确定性时代的知识与公众 [M]. 冷民，等译. 上海：上海交通大学出版社, 2011：174.

4.3.2 科学社交的边界传播结构

英国著名学者安东尼·吉登斯认为，"所有社会活动都发生于三种相互关联而又彼此不同的场合之中：时间、结构和空间。这些要素的结合表明了社会实践的情境特征。从人类行动之知识的有限性角度而言，社会系统所'凝聚'的时间和空间总是必须历史地加以考察"。①

科学社交的传播结构是有一定矩阵形式的。所谓的矩阵形式是混合团体的另一种古老形式。"矩阵"既是结构，也是隐喻，它指示一种赋予形式或源头的东西。"矩阵本意是子宫，控制中心的母体，孕育生命的地方。在数学上，矩阵是指纵横排列的二维数据表格，最早来自方程组的系数及常数所构成的方阵。"② 在结构理论上，这个词指一个添加到现有等级中的程序结构；在科学社交领域，"混合团体"有一个技术性界定，类似于体制互渗层面上的矩阵结构，斯塔尔伯格小组用它来指称一群研究者、政治家、官僚主义者和不同群体的代表，这些代表聚在一起规划一个研究项目。科学社交场域的矩阵形式已经与商业、工业融合在一起。科学社交的矩阵模式证明了科学、政府、产业在领域交融中有着不断增长的规模与复杂性，这种新的知识生产形式，在实践活动中削弱了领域之间与部门之间的界限划分。

在科学社交边界传播的矩阵模式下，各种各样的资源是流动的，结构是开放的、灵活的。各方的社会资源借助科学社交把知识的生产已经纳入到了工业、政府、市场、商业、资本等合作关系之中，组织化的边界控制逐渐淡化。科学社交的结构表明了在这个空间中参与的个人或组织机构之间的所有权的客观分配比例，同时也预测在这种分配结构中参与主体占据

---

① 刘菲. 第三世界科学院（TWAS）历史语境和组织模式研究［D］. 中国科技大学博士学位论文，2013.

② http：//blog. sina. com. cn/s/blog_ 3e3ec8380100pgl4. html

的不同地位。科学社交边界的结构布局是由参与科学竞争的优先者之间的力量关系来决定的，其布局和结构分配也是在参与竞争过程中所积累的特殊资本博弈下的结果。

（一）科学社交边界矩阵结构：西美尔的社交树

科学社交边界传播结构形成庞大的社交树。西美尔将社交的结构比喻成为树的关系，他指出，"在较高的联合体给单一个人的东西，犹如橡树首先属于树的概念，树的概念已经包括植物概念的种种界定，植物的概念又包含着树的概念。倘若除了这个比喻所表示的外，甚至别无所获，那么对于橡树来说，放到植物概念之下具有一种它在树的概念之下不可能具有的意义，尽管树的概念在逻辑上也包含着植物的概念内容：即同所有是植物的东西的关系，不必是树。这样一来，各种团体的集中的结构是系统性的中间阶段，而且往往是历史的中间阶段，即它们相互并立，又相遇到同一个人身上"。① 科学社交圈中的朋友的所有特征信息集成到一个树型结构中，称为社交特征树，同时并导出叶子节点。（如图11）② 社交中存在着

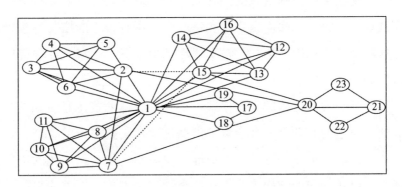

图11 社交树

---

① ［德］西美尔. 社会学——关于社会化形式的研究［M］. 林荣选，译. 北京：华夏出版社，2002：308.
② 王玙，高琳. 基于社交圈的在线社交网络朋友推荐算法［J］. 计算机学报，2014：804.

明显的核心成员。社交的方式往往最先从个人的朋友核心成员开始建设，分别扩展到点度、中心度、中间中心度和接近中心度等几个结构来建立科学关系型的社交圈。同一圈子里的人相互联系紧密，并且通过对边进行聚类来识别其他社交圈。其中内容、结构、模式构成了科学社交关系的三要素。

西美尔认为，如果某一个人除了他的职业地位外，还属于一个诸如科学的协会、一家股份公司的股东和接受一个城市名誉职务，那么在人员的结构上，就会无可估量地拉大同那种集中的形式的距离；参加一个团体本身愈少表明也参加着另一个团体，就更加确定地表现着个人，因为他处于二者的交叉点上。[①] 这种社交关系就如同由于个人一方面处在一个中心点上，不过同时在其他地方则处于一个边缘的点上，在一个系列里具有一种权威的地位，在另一个系列里具有一种与很多其他人相并立协调的位置，在这里处于经济上令人感兴趣的状况，在那里则处于仅仅在人事上至关重要的状况，因此，不可能有一种个人的固定化。

（二）社交价值联系者

西美尔认为，"必须邀请多少人才是一次真正的'交际聚会'，显然宾主之间的质的关系对此不是决定性的，邀请两三个对我们十分客套的和没有任何亲密关系的人，还不能成为一次'交际聚会'，但是我们邀请15个与我们有密切友谊关系的人在一起，那就是一次交际聚会了。数量总是决定性的，虽然它的大小在具体的情况下当然取决于各种要素之间的关系方式和密切程度。有三种情况构成基础：主人同客人当中每一个人本身的关系，客人们相互之间的关系，每一个参加者主观上如何感受这些所有关系的方式，在这个基础上，参加者的数目决定着到底是一次社交聚会，还是仅仅只是一次聚会，——是友好性质的，还是业务的——有特定性质目的

---

① ［德］西美尔. 社会学——关于社会化形式的研究［M］. 林荣选，译. 北京：华夏出版社，2002：308.

的。首先，社交聚会要求一种十分特殊的、外在的机构。谁若从 30 个人的熟人圈子里，总是邀请一个人或两个人，可能'根本不会有什么麻烦'。而如果他同时邀请所有这 30 人，那么在邀请这所有 30 人中，在饮食、卫生间和待人接物的形式方面，就会立即产生一些新的要求，在感官和刺激方面会大大增加耗费。这是一个十分地道的例子，说明仅仅构成大的量会如何大大地降低各种人物个性的水平。在很少人会聚在一起时，这样一种相互适应是可能的，构成他们的社交性的内容的某些共性，可能包括他们的个性的很广泛的或者很高的各个部分，因此聚会体现着精神的特性，体现着不同的和极为发达的、心灵的毅力的特性。但是，愈多的人会聚在一起，他们在那些更为宝贵的和更为亲密的本质方面的巧合的可然率就愈小，就必须愈加深入地去寻找他们的动力和利益的共同点。"①

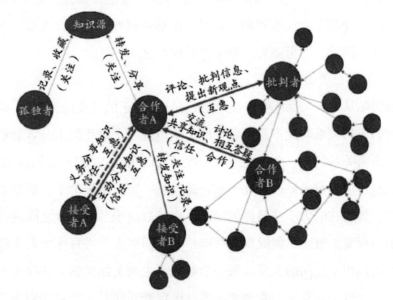

图 12 科学社交价值利益关系图

---

① ［德］西美尔. 社会学——关于社会化形式的研究 ［M］. 林荣选，译. 北京：华夏出版社，2002：48 - 49.

科学社交是一个有着明确目的和价值的利益关系社交，其所要追求的是，社交中的任何一个人在社交场域中实际所起到的作用和地位。社交过程中的每一个人，哪些是属于"社交联系者"，也就是指一些拥有特别的和优秀的社交技能的人，他们属于社交圈中的真正活跃者和组织者，并不停地将一些人介绍给另外一些人，是可以帮助人们进入不同的社交圈子的中介者。还有一些人是属于"价值联系者"，他们是属于真正掌握资源和权力的人，是可以帮助获取一些稀缺资源的人。（如图12）① 他们在社交圈中是真正具有权力和资本分配的人物，是科学的赞助方，也是影响着科学社交格局的人。

（三）社交结构洞中的利益

美国社会学家伯特认为，"最有可能给组织带来竞争优势的位置处于关系稠密地带之间而不是之内，这种稀疏地带即结构空洞。（如图表13-1、13-2、13-3）处于空洞内的组织或个体为了自身的利益会设法在两个或多个空洞之间建立联系，形成新的稠密地带，从而改变原有的网络结构，其竞争优势的获得正是在联结空洞的过程中形成的。"② "伯特认为，结构洞能够为占据者获取'信息利益'和'控制利益'提供机会，从而比网络中其他位置上的成员更具有竞争优势。"③ "在伯特的结构洞理论中，强调了效率原则，他认为，花时间和精力去开发一个能带你通向新领域的新关系人比结识同类人更好。你每认识一个陌生人，可以为你带来一个新的结构洞。当结构洞越多，你在每个关系上所用的时间和精力成本越少。"④ 竞争场是有边界的，边界由权威人士或者组织界定。

---

① 冯锐，李亚娇. 社交网站中知识扩散机制及影响因素研究 ［J］. 远程教育杂志，2014（3）：147.

② R. Burt. *Structural Holes* ［M］. Cambridge，MA：Harvard University Press，1992

③ http：//wiki. mbalib. com/wiki/结构洞

④ https：//www. douban. com/note/161351659/

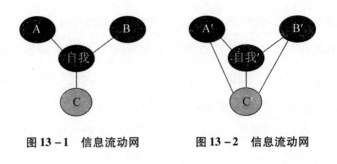

图 13 - 1　信息流动网　　　图 13 - 2　信息流动网

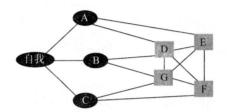

图 13 - 3　社交结构洞中的利益①

　　从以上结构中可以看出，社交性的功利性活动一般都保持着森严的等级结构。科学社交的特色就是把权力的源泉集中于一点，而资本与控制力则通过金字塔型分配结构扩大到整个组织。权力分散到多个节点上，社交成员的平等发言权得到最大限度的保障。最明显的特征是，社交允许成员可与外界持相同观点者无阻隔地联系，并且共同持有一种价值观，但兑现该价值观的具体行动却是自由的，特点是任凭个人自发地发挥多样性。也就是说，该团队有一个目的作为宽松的大体框架，而每个人相对于社交的结构中都处在一个等距离的位置上。② 这种矩阵结构巧妙地描绘出科学人士的社交运动的基本形态。其实质就是没有牢固的外围轮廓，其活动是通过中心的向心力凝聚而成，它是为一种共感所支配的矩阵结构，而这种共感被控制在不排除第三者的程度上。在科学社交中，每个参与其中的人都

① http：//wiki. mbalib. com/wiki/结构洞
② ［日］山崎正和. 社交的人［M］. 周保雄，译. 上海：上海译文出版社，2008：47.

是持有身份证明的独立个人，不即不离地相互合作。① 但是在数字化的科学社交场域中，不存在身份上的等级关系，主要的是个人相对于共同目的的距离等同。

科学知识生产的社会关系结构大体可以从科学的交往去考察。科学社交的人际关系更加复杂化、多元化且多变化。这种关系是建立在人们把自己的利益与价值观概括在科学信念之上，社会关系网络与科学价值之间的关系构成了科学与其他领域边界交融的依据。随着科学社交边界传播的作用力越大，科学社交的社会关系网络越密集，科学社交人员的动机直接从经济利润的狭窄追求转向认同的科学价值关系。

科学的社会交往包括两种情形。第一种是私人性的社会交往，这种科学私人性的社交以个人私密关系和朋友关系的兴趣和爱好居于主导地位。第二种社会交往是指在原本就熟悉的人们之间交往的情况下向外拓展的一种资源共享与资源供给的交往。它要求稳定性、体制性、正规性、系统性。这种社交必然需要各种资本的博弈，使关系深层嵌入，最终得以整合为一种科学力量。

---

① ［日］山崎正和. 社交的人［M］. 周保雄，译. 上海：上海译文出版社，2008：48.

第 5 章

科学社交边界的传播资本：场域的贸易兑换

5.1 科学社交边界的场域资本兑换

科学社交边界随着矩阵结构的搭建，聚集在边界的资本与权力都会发挥不同的作用，逐渐形成场域。布尔迪厄认为，"场域可以定义为位置之间的客观关系的网络或构型。这些位置在客观上是由它们在不同类型的权力（或资本）的分配结构中实际或潜在的处境以及它们与其他位置的客观关系（支配、服从、类似等等）所决定的。"① 在布迪厄看来，场域决定了行动者或群体中位置之间的客观关系。行动者在场域中越占据有利的位置，就会越有助于场域结构和自身位置的维系。

科学社交边界构成的场域中，行动者之间产生共振。所有行动者均各自拥有他们的性向系统、他们的能力、他们的资本、他们的利益，在这种场域内部的博弈中面面相对，旨在以此保留或改变各种作用力关系。主导地位者以他们的自我存在为唯一的存在，把所有他们在自己的实践中所遵循的原则强制性地规定为普遍原则。② 例如在家宅的私密科学社交中、在

---

① ［法］皮埃尔·布尔迪厄. 科学的社会用途——写给科学场的临床社会学［M］. 刘成富，张艳，译. 南京：南京大学出版社，2008：13-14.
② ［法］皮埃尔·布尔迪厄. 科学之科学与反观性［M］. 陈圣生，等译. 南宁：广西大学出版社，2006：104.

皇家学会的风尚社交中、在科学社交俱乐部中，教皇、国王、大家族、贵族和官绅为科学投入权力资本和物质资本，其实质也是通过行使权力来获利。对于科学组织的情况正像恩格斯所分析的那样："法国的活动从来就是民族的活动，这种活动一开始就意识到自己的整体性和普遍性；英国的活动则是独立的、彼此并立的个人活动，是无联系的原子运动。"① 参加科学社交的场域中，每个个体都相当于原子，彼此间发生着相互影响，产生互动和共振。科学社交的每个人代表了科学权力（或资本）的不同种类，其社交的目的和轨迹并不一样，其共振的状态代表了社交中所要投入的资源，以及后续所获得的赢利。这是对成果和王牌所做的分配，它既描述了游戏可能的未来，又描述了不同游戏者可能获胜的各种机遇以及他们根据自己的资源状况而可能采取的策略。② 科学社交结构对资源、知识和技能不断地进行重新配置，是在不断地自由组合中进行探索的混合体。每一种配置都成为科学新的生产模式的潜在来源。参与者的复杂性构成场域的混杂性，为科学的生产提供了供求关系，理论知识和实践知识都是在这些共振中产生的。

构成科学场域共振的作用力是由该场域中多类资本的分配结构所决定的，而且处在该场域中科学人士所拥有的资本与权力既是科学的又是社会的，彼此不可分离。在马克思看来，资本不是一个可供观察的、静态的对象，而是一种动态的运动，资本运动的逻辑就是无限制地增值自己、膨胀自己，这一逻辑来自资本家追求财富的无限欲望。③ 在各类资本中有来自国家权力资本的体现，比如有来自国王、教皇、总统、政府内阁成员、元

① 姚远. 近代早期英国皇家学会社团法人的兴起（1660 – 1669）［D］. 吉林大学硕士学位论文，2008.
② ［法］皮埃尔·布尔迪厄. 科学之科学与反观性［M］. 陈圣生，等译. 南宁：广西大学出版社，2006：103 – 104.
③ 宫留记. 布迪厄的社会实践理论［M］. 开封：河南大学出版社，2009：98 – 99.

老辈官员等，也有来自经济领域的经济资本，如大家族、银行家、官绅等，还有来自社会的资本等，一起共同发生作用力。每种资本类型都具有可传递性，不同资本类型之间还具有可转换性。科学社交的形态与其出现时的历史条件和社会条件有关。科学社交场域是科学人士与爱好者以及各个组织机构之间的作用力关系。

5.1.1 科学社交边界形成的场域

科学社交始终取决于科学与社会之间创造性的和互动性的连接。"社交原本是以自己的向心力限定时间和空间、并在其内部完整结束的行动，同时它也是形成能诱导出上述向心力的'磁场'本身。"① 这个磁场是容纳各种各样权利关系的游戏竞技场，政治权力、经济权力、文化权力、话语象征权力都会在这里作为资源与科学知识发生关系，进行彼此互融。同时，在科学社交这个磁场中的每个传播阶层，也会根据自己所占据的地位去贡献或获取自己的利益，对科学进行深入和有效的认知、理解和传播。

科学社交的边界，体现的一个最重要的问题就是场域，科学社交的边界与其他领域的边界交融就构成了科学社交的场域，场域是最重要的。场域（field）这一概念是由布尔迪厄提出来的。布尔迪厄对此概念有过深入的研究。皮埃尔·布尔迪厄是继福柯之后，法国具有影响力的社会学大师，他的场域思想在学术界颇有声誉。布尔迪厄将场域界定为一个有自己的活动规律和特定力量关系的独立社会区域，提供了一个理解理论知识的模式。

布尔迪厄指出："从分析的意义上来说，场域可以定义为位置之间的客观关系的网络或构型。场域是一个包含着潜在的和活跃的力量的空

---

① ［日］山崎正和. 社交的人［M］. 周保雄，译. 上海：上海译文出版社，2008：58.

间。"① 这里面的力量关系是随时可变的。场域是一种实际活动的力量。布尔迪厄认为："在场域中，我会发现许多'粒子'，它们受到各种吸引力、排斥力之类的摆布，就像在磁场中一样。"② 场域中的每一个人都会发生磁力作用，产生不一样的科学传播效果，并作用于科学本身或者自己所触及的领域内。（如图14）参与科学社交的人士们在这个场域中的位置是由其掌握的资本的质量和数量的分布来界定的，依据人们在科学社交中的资本的类型和总量，彼此间存在着支配和服从的关系。

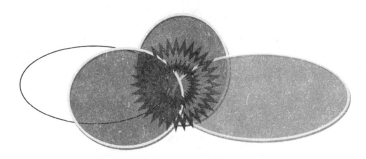

图14 科学社交边界形成的场域

布尔迪厄表明，"场域潜在地构成了一个开放的空间，是有动态的边界，并且边界本身就是场域内部斗争的关键所在，或者说，边界问题可能成为斗争的工具。不同位置的行动者，都试图按照自己的方式来划定游戏的界限。"③ 在布尔迪厄看来，场域这种客观关系的空间，是遵循着自己运作逻辑的不同游戏领域组合而成的，实际是处在不同位置的行动者之间的力量关系。"由这些位置所产生的决定性力量已经强加到占据这些位置

① ［法］皮埃尔·布尔迪厄. 科学的社会用途——写给科学场的临床社会学［M］. 刘成富，张艳，译. 南京：南京大学出版社，2008：13 - 14.
② ［法］皮埃尔·布尔迪厄，华康德. 实践与反思：反思社会学导引［M］. 李猛，等译. 北京：中央编译出版社，1998：14.
③ ［法］皮埃尔·布尔迪厄. 科学的社会用途——写给科学场的临床社会学［M］. 刘成富，张艳，译. 南京：南京大学出版社，2008：16.

的占有者、行动者或体制之上，这些位置是由占据者在权力（或资本）的分布结构中目前的、潜在的境域所决定的；对这些权力（或资本）的占有，也意味着对这个场的特殊利润的控制。"① 布尔迪厄把场域看作是权力所有者拥有经济资本、文化资本、社会资本集中的结果。在场域中，所有边界的交织和互涉可以达到一种重新的组合和建构。场域是一个力量制衡和博弈的空间。

科学社交的场域在边界交融过程中具有自身的逻辑规则，科学人士们在社交空间场域中，社交的每一个人根据他们在场域结构中所占据的不同地位而展开的社交方式和社交目的都不一样。当然，科学社交场域中的人们也为保持或改造场域的结构而分别贡献他们的力量。科学社交的场域实际上是一个整合磁场。科学要想发展，首先要得到各界的支持和认可，而社交其实是一个自我整合和修补的过程，也是一个路演的过程。科学需要来自各方的支持，无论是国家、金融家，还是社会人力，以及舆论。社交，是科学自我预演的一个最好平台，也是进行科学思想传播的最好地方。科学社交的目的，本身就是要获得科学再生产的资本与源泉，并且再进一步拓展科学传播路径。在科学与社会交往的中介区域，科学可以获得自我调整，重新整合资源，再进行发展，最快而有效地获得资本资助。

科学社交的场域与资本是相互依存的。一方面，场域由活跃的资本的分布形成。参与到科学社交场域的人员会根据行动者的资本总量和他们所拥有的资本结构决定他们在科学社交场域的地位和作用力。"在这些领域中，存在着被称为日丹诺夫主义的法则。按照该法则，专门的科学资本最缺少的人，即根据科学本身的标准最不具卓越性的人，为了增强自己的地位，倾向于求助外部的权力，也就越热衷于寻求外界的权力（教会、政党、金钱、国家，总之，依场域而定），以便在他们的科学斗争中最终获

---

① 宫留记. 布迪厄的社会实践理论 [M]. 开封：河南大学出版社，2009：49.

胜，并找到上述法则的一个应用场所。因为，在构建与个人或组织相关的所有权的客观分配结构的过程中，人们便赋予自己一种手段来预测在这种分配结构中占据不同地位的行动者可能具有的品行。"① 在《实验室生活》中，拉图尔和伍尔加强调，科学家在进行科学理性生产中，把握着最恰当时机进行资源和投资的政治谋算。他们的政治能力投入做科学的中心；越是好的政治家和战略家，生产的科学就越好。谢廷娜发现了一种"可变的超科学场域"，它包含科学家、科研管理人员、基金组织、政府官员、企业代表及出版商等。其人员角色是交迭的：一个科学家可能处理资金和职位问题，而一个政府官员却可能同科学家磋商某个研究项目的研究方法或某个观测结果的解释问题。显然，这种"科学场域"具有调节科学政治空间张力的"边界组织"功能色彩。② 在科学场域的人员角色也呈现出了多样化的特点。

另外一方面，资本也推动场域的发展。资本通过生成权力来推动社交场域。从参与科学社交人员拥有的资本量和资本的运动状态，能够界定拥有资本人员的社会轨迹区域。因此，资本的运动也成为社交边界推移的动力。换句话说，科学社交场域的界限位于何处，都反映出了哪种资本在场域中是活跃的，资本活跃的传播范围如何。

"场域的最重要作用是它为各种资本提供了相互竞争、比较和转换的场所。反过来，场域的存在及运作，也要靠其中各种资本的反复交换及竞争才能维持；也就是说，场域是各种资本竞争的结果，也是这种竞争状态的生动表现形式。"③ 任何一个场域始终都是行动者或行动者集团相互间维持或改变其本身所具有的资本并进行资本再分配的场所。科学社交场域

---

① ［法］皮埃尔·布尔迪厄. 科学之科学与反观性［M］. 陈圣生，等译. 南宁：广西大学出版社，2006：97－98.

② 徐治立. 科技政治空间的张力［M］. 北京：中国社会科学出版社，2006：235.

③ 宫留记. 布迪厄的社会实践理论［M］. 开封：河南大学出版社，2009：106.

的作用力关系结构是由该场域中的资本分配结构决定的。科学的社交场域资本是多元的。比如有来自国家价值层面认可和肯定的权威性资本，即国家元资本。这种资本是国家承认科学合法性、允许科学公开展开研究的重要资本，其权力至高无上。另外还有科学运营的经济资本，它是科学投入生产和运用的重要血液，也是维持科学组织力的重要物质资本。还有社会资本，科学的思想需要各方的力量和人际关系进行扩展和传播，反映在社会网络之中，就是地位、职业及等级上制度化的社会关系和社会影响。在科学社交场域中，国家元资本、科学经济资本、科学社会资本都会在科学社交的场域中呈现出来，并且彼此相互博弈和碰撞，同时资本间也在进行着兑换与转换。经济资本和社会资本对建设支持新知识领域的基础设施极为重要，其中任何一种资本的短缺都会制约或破坏科学的发展。

5.1.2 科学社交场域中的贸易兑换

科学社交的传播边界形成的场域是资本流通与兑换的区域。布尔迪厄认为，场域建在边界跨越刺激形成了互动"贸易区"（如图15），在这个场域中，通用语言、混杂社区、专业角色、新的体制结构和新的知识范畴，就连学科互涉活动也免除不了界定和使其合理化的边界问题。[1] 虽然"边界概念"和"贸易区"源于不同的语境，但伊拉娜·洛伊认为它们是互补的，通过促进不同职业团体之间的异质互动，边界概念刺激了贸易区，[2] 不同领域之间的边界尽管相互区别，"但它们之间仍然相互渗透和相互转换，这是因为构成社交场域的特殊资本，总是按照特定的转换汇

① ［美］朱丽·汤普森·克莱恩. 跨越边界——知识 学科 学科互涉［M］. 姜智芹，译. 南京：南京大学出版社，2005：2.
② ［美］朱丽·汤普森·克莱恩. 跨越边界——知识 学科 学科互涉［M］. 姜智芹，译. 南京：南京大学出版社，2005：64，65.

率，始终处在不停的流动和交换过程中"①。布尔迪厄认为，"科学的任务就是揭示各种资本的分配结构，而这些结构通过它们所限定的利益和性情倾向决定了个人或集体所采取的立场"②。

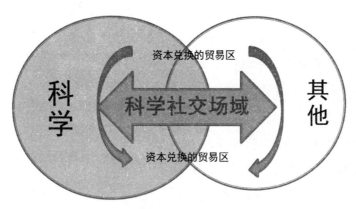

图 15　科学社交场域资本兑换贸易区

布尔迪厄把场域看成是有一个争夺珍贵资源的控制权的竞技场。科学社交的场域边界实际上存在一种"互惠理论"，1944 年美国学者卡尔·波拉尼确立的"互惠"乃是一种与"再分配"和"市场交换"相互对应的经济交换形式，它多表现为以"礼物"作为媒介的义务性"赠予"关系，而且，它并不局限于物质和服务的提供，更是一种广义的互助关系。③ 科学社交场域中实现着科学传播资本贸易的兑换。资本贸易流通与兑换遵循着以下原则。第一，所有参与者均有可以用来交换或谈判的东西。第二，他们拥有某些资源，使得他们可以从其他参与者那里获取什么。当然，不同的参与者可能对交易对象所具有的意义有完全不同的态度。但是，交易

① ［法］皮埃尔·布尔迪厄. 科学之科学与反观性 ［M］. 陈圣生，等译. 南宁：广西大学出版社，2006：97 – 98.
② ［法］皮埃尔·布尔迪厄，华康德. 实践与反思：反思社会学导引 ［M］. 李猛，等译. 北京：中央编译出版社，1998：155.
③ 厉震林. 伶人家族的社交圈及其文化分析 ［J］. 内蒙古大学艺术学院学报，2012：10.

能否成功，取决于每个参与者带来的东西是否被其他人认为是有价值的，不管这样东西的价值到底是多少。参与者通常会将其所获一并带回自己的"大本营"，从而强化了在典型模式 - 2 中已经发生的与他人共享的关系与交换。① 空间里，无论是国家元资本、经济资本，还是社会资本，都具有可传递性、可转化性。在场域中各类资本间不自觉地会达成彼此认同的"汇率"或"兑换率"来进行交易。资本化的权力会以物化或综合的方式体现在科学的内部结构中。在一定的交易协商后，不同类的资本在科学社交的场域中将兑换成能够主导社会的某种力量。布尔迪厄认为，场域中资本间的兑换率决定着权力的走向。资本的不同类型的可转换性，构成了科学社交的偏好与重点。科学社交的目的在于通过转换来保证科学的发展，以及在科学传播中社交人员的社会关系、社会地位得到科学渗透。"在社会权力关系的特定状态下的资本转换，从转换者和转换活动自身固有的损失的角度来说，遵循代价最小原则。一般来说，资本在转换过程中或多或少是要受到损失。损失率与隐蔽程度成反比。"② 例如，早期科学社交中，为了获得国家的元资本，科学人士都是通过私密的人际关系交往获得教皇和国王的许可，科学才得以以温和的态度展开。如果以公开的方式与国家展开交流，往往会遭受重创，无论是伽利略，还是哥白尼等，都经历过类似的洗礼。

现代的科学社交场域更为隐蔽，科学人士通过隐蔽的俱乐部来获取政治权力的主导，这种资本需要间接地转化才可以直接获得。这种兑换的方式往往会以名声和社会时代先锋者、潮流者的符号资本美誉标榜。处于 18 世纪末到 19 世纪初这一特殊历史时期的英国，参与科学活动获得经济利益，已经不再为中产阶级参与者所看重，他们看重的是通过科学社交为通

---

① ［瑞士］海尔格·诺沃特尼等. 反思科学：不确定性时代的知识与公众［M］. 冷民，等译. 上海：上海交通大学出版社，2011：163.

② 宫留记. 布迪厄的社会实践理论［M］. 开封：河南大学出版社，2009：106.

往统治阶级的圈子提供更轻松的通道。科学社交场域中，当人们相互争夺科学的认知权威（包括可信性、声望、权力以及物质资源，这需要占据特权地位），或者使其合法化，或者对其提出挑战的时候，正是在这种资本兑换的情境中通过相关群体的社交获得。科学场域越缺乏独立性，政治权力与声望权力在科学场域中的分配结构之间的差距也就越大。在科学场域中，也存在着像橄榄球比赛中高手球员的"游戏感"或股票市场上所说的高手玩家的"投资感"，科学家根据时势会运用不同的改行策略，从一个研究领域跳到另一个研究领域，从一个主题调到另一个主题，最快最有效地占有有利资本。

科学社交场域中个人的社会资本拥有程度决定了每个人社交方式的不同和社交目的的区别。社会资本既是一个衡量标准，同时也是场域中追求的宗旨。哈贝马斯曾经指出，交往行动的参与者主要是通过目的论行动所达到的成就，或者是通过理解活动所实现的意见一致，来实现交往活动的。

5.2 国家元资本

5.2.1 国家元资本至高无上的权力

什么是国家元资本？布尔迪厄在著作中首次提出了国家元资本的重要性。布尔迪厄将国家视为"各种类型的资本集中过程的成就，即武力资本或强制工具（军队、警察）、经济资本、文化或信息资本和符号资本的集中。正是这种集中过程，使国家成为一种元资本的拥有者，取得了凌驾于其他类型的资本及其拥有者的权力"。① 布尔迪厄认为国家元资本能决定场域中不同类型资本之间的兑换率。

在科学的社交场域中，社交贸易最初的偏好是以兑换国家元资本为主。布尔迪厄认为，"自从王朝国家建立以来，特别是科层国家的建立，发生了一个长期的不同种类的权力或者说资本的集中化过程，在国家产生的前期阶段，集中化过程导致了公共权力的私人垄断（国王垄断）。这一过程的结果是产生了一种特定资本，准确地说就是中央集权资本。这种资本通过它的积累，可以使国家对不同场域和在其中流通的不同形式的资本施展权力"②。科学的开展和推动，其中最重要的力量就是要受到国家元资本的认可和支持。无论是在亚里士多德时期，还是在 14、15 世纪，科学人士的交往都紧密围绕教皇、国王、贵族阶层展开，其社交的目的，用意在于能够得到国家元资本的权力。

例如，最典型的国家元资本的获取是在皇家学会时期，国王的授意和认可为科学提供了政治上的庇护。皇家学会组建初期开始走向的就是与王权结盟的道路。1660 年 12 月，在贵族罗伯特·莫里等人的帮助下，当时国王查理二世同意了皇家学会的建立。贵族罗伯特·莫里既是一位新哲学的爱好者，同时也是查理二世的近臣，他和国王很熟悉，并为国王所信任，担任着王国财政署的重要职位。罗伯特·莫里先生利用自己在宫廷的私人关系和财政署中的影响力积极开展、组织筹备建立皇家学会的相关活动和对外事宜的联系工作。在他的指导和帮助下，早期的皇家学会建立了各项制度。同时，在他的努力游说下，国王答应给予皇家学会筹建工作一定的帮助。据皇家学会 12 月 5 日的会议日志中记载："罗伯特·莫里传达

<hr>

① ［法］皮埃尔·布尔迪厄. 科学的社会用途——写给科学场的临床社会学［M］. 刘成富，张艳，译. 南京：南京大学出版社，2008：12.
② ［法］皮埃尔·布尔迪厄，华康德. 实践与反思：反思社会学导引［M］. 李猛，等译. 北京：中央编译出版社，1998：156.

了宫廷的意见：国王已经了解到关于聚会的计划，他十分赞同，并准备对此给予鼓励。"①

罗伯特·莫里在 1661 年非常积极，这是会员们公认的，在惠更斯给查佩莱恩的信中写道："他们中有一个人为学会的建立夜以继日地勤奋工作，是一个忘我的积极分子，他就是莫里骑士。"②

"1661 年，莫里和鲍尔·尼尔先生以学会的名字为由吻了国王的手，并根据会员的委托向国王表达了最谦恭的谢意，因为国王对他们提出的要求予以了批准，还以赞成和荣耀的口吻很高兴地提出自己要成为学会的一员。"③ 1662 年 8 月 13 日，莫里在学会里宣读了这张特许状。两个星期后，会长、理事和会员们都来到了白厅，向国王表示谢意。④ 这一特许状标志着皇家学会正式获得法人资格，并具备了国家元资本承认下的合法性。在当时英国只有在国王特许状规定范围之内的权利才被视为是合法的权利，才享有各项法律保障。皇家学会分别于 1662，1663，1669 年获得三个特许状，逐步获得了完整的法人特权，为皇家学会社团在科学领域的活动提供了有力的合法保障。在查理二世颁发的第一张特许状中，查理二世的宠臣布隆克尔子爵被任命为第一任会长，其父亲曾经是查理一世的皇室顾问，而且是查理二世的副大臣。布隆克尔先生受教于牛津，其在数学方面的成就国内外闻名，而且他是康索特女王的大臣和掌玺官，享有海军上将军衔。威廉·巴尔被任命为司库，奥尔登伯格和威尔金斯被任命为学会秘书。获得第一张特许状后，学会就请伊夫林为学会设计一个会徽，并设

① ［英］亨利·莱昂斯. 英国皇家学会史［M］. 陈先贵，译. 昆明：云南机械工程学会，云南省学会研究会出版，1980：29 - 30.

② 同上，34 - 35.

③ Harold Spencer Jones, The Early Years of the Royal Society, ［J］ Journal of Navigation, Volume 13, Issue 4, October 1960, pp. 365 - 382.

④ ［英］亨利·莱昂斯. 英国皇家学会史［M］. 陈先贵，译. 昆明：云南机械工程学会，云南省学会研究会出版，1980：43.

计一个能够代表学会的格言。伊夫林是当时著名的作家、园艺家和日记作家，他是一名对自然哲学和皇家学会有浓厚兴趣的文人，与当时许多著名的学者均有书信往来，此外，他的日记也是后世学者们研究 17 世纪英国社会和经济的重要素材。

如今，国家元资本更是至关重要。很多科学项目都是国家在起主导作用。这种元资本不仅是意识形态的认可，更是国家的一种合意与合谋。国家元资本是一种最高的资本形式。国家层面的授意，决定了科学的运转效率与科学的研发速度。国家元资本的支持不仅代表了国家对于科学发展的认可程度，同时也表明了科学与国家政策角力上的一致性。

5.2.2 赋予科学的合法性权力

科学社交获取国家元资本的目的，当然是为了获取科学的国家合法性权力。对于科学的合法性问题，在 15 世纪意大利时期是一个突出重要的问题，也是一个有争议的问题。早期的科学人士的私密社交，正是一个科学从个体、团体民间状态向统治阶层正规转移的状态。伽利略与美第奇家族、贵族、教皇、大主教社交的重大意义不仅在于获取个人、团体研究科学的合法性权力，更是希望科学研究结果获得国家合法性认可。

所谓的合法性问题，主要是为了聚合并集中大多数成员的支持，以及使其他感情与其他客体连在一起，需要某种使其依附具体化的方法。通常，强有力的和为人信赖的领袖人物的出现可以部分地实现这一目的，而成员和追随者则相信他们以某种方式体现了理想并遵守他们所许下的诺言。他们是连接当局的新规范和新结构的个人桥梁。① 科学最初能否被认为合法，关键取决于科学在当时环境下所做的工作是否真正有利于当局者

① ［美］戴维·伊斯顿. 政治生活的系统分析［M］. 王浦劬，译. 北京：华夏出版社，1999：367.

统治或者与其意识形态上保持一致。在 15 世纪的科学最初研究阶段，统治阶层也是带有极大的好奇心和求知性的，当然这里不乏著名科学人物的个人超凡的魅力和真诚的感召。他们的科学研究所引起的信仰争议，如果没有超越统治阶层的地位和行动约束，则会成为支持所依靠的基础，但是如果违背了统治者根深蒂固的意识形态的统治规则，必然会被统治阶层取缔。因此，能否在安全的环境下取得科学研究的合法性地位以及自由权，是科学人士在社交时所必须考虑的问题，也是 15 世纪一批科学人士如伽利略等人做出妥协的无奈之举，更是进一步需求保护的政治基础。科学的历史发展过程中，科学的合法性问题一直存有争议。科学地位的变化和权力的赋予从未远离过国家元资本。当然在科学地位低潮期，也不乏个人的合法性和超凡魅力超越于国家元资本。

皇家学会在建立之初，罗伯特·莫里曾和好友金卡迪勋爵通过书信讨论过研究团体的合法性问题。他认为，在当时的英国，基督教和政治团体对发展自然科学的态度毫无疑问是激烈反对的，如何才能把研究团体转变为具有安全保障的有组织的机构呢？莫里提出，唯一有效的安全保障正是运用哲学家们的力量，通过皇家特许状的方式，从国王那里得到允诺，成为合法的研究机构。

1663 年 8 月，国王查理送给学会一支"权杖"。这支"权杖"在每次召开理事会会议和学会会议时总是放在会长面前，权杖是银质镀金的，重量为衡制的 190 盎司。① 权杖被视为国家元资本的象征，赋予了学会无上的权力。从此，皇家学会得到了英国国王的支持，成为一个正式的机构。学会还拥有一批对自然哲学和实验都无比热爱的学者，拥有自己的期刊，

① Harold Spencer Jones, The Early Years of the Royal Society, [J] Journal of Navigation, Volume 13, Issue 4, October 1960, pp. 365－382。

可以非常有序地开展自己的研究活动了。① 在国家元资本特许状和权杖的庇护下，皇家学会只要与英国国王的法律不相抵触，那他们可以自行制订相关的法律、法令、规则和条例，而且还可以相对自由地出版书籍、期刊，免除检查和限制。②

不仅皇家学会，早期的科学社交目的都指向最终获取国家的元资本的支持。例如，伽利略结交教皇、贵族的用意，目的也是希望从国家统治阶层那里获得科学研究的豁免权，其表现为获得国家意识形态的认可，获得国家身份上的赋予，还有资金上的支持。国家元资本表现形式多样化，例如意识形态的融入，国家法律上特许，政治上的权力与决策，身份上的归属，物质上的支持，战略军事上的运用，媒体、文化与教育的推广等等，都属于国家元资本拓展的形式。无论是早期的哥白尼，还是伽利略，他们希望通过不同的社交途径能够让国家统治阶层去认识科学，接纳科学，重新建构一种新的意识形态。这其中必定涉及科学合法性的问题。同时当代社会的国家发展，国家对于科学的认可程度，也决定了科学的发展方向和科学的应用层面的宽度与广度。伽利略与教皇、大主教关系的几度变化印证了国家元资本赋予科学合法性的重要影响。

科学人士获取科学合法性的社交从未中断过，借助社交从国家元资本的政治权力中分离出来的一部分权力，获得一些自主性，这一成果是启蒙运动以来前赴后继的科学家为之斗争的结晶。在法国，1666 年皇家科学院于巴黎诞生，但其发展过程并非一帆风顺。早年路易十三的宰相黎塞留于1635 年创立了法兰西学院，此举引发了法国科学界需要创建国家性质的科学公共机构的呼声。将此意直接向政府方面表达的是蒙特莫尔学院的有关

① 罗兴波. 17 世纪英国科学研究方法的发展——以伦敦皇家学会为中心 [M]. 北京：中国科学技术出版社，2012：16.
② [英] 亨利·莱昂斯. 英国皇家学会史 [M]. 陈先贵，译. 昆明：云南机械工程学会，云南省学会研究会出版，1980：54.

人员。该学院是以蒙特莫尔作为赞助人，于 17 世纪 50 年代在自己宅邸开设的私家学会基础上建立的，到了 17 世纪 60 年代，学会陷入财政危机。在这种状况下，学会成员向路易十四的近臣科尔培尔提出，科学研究不能总像现在这样依赖于个人的赞助，国家的援助是必要的。这其中也有伦敦皇家学会的成立这一触发因素。① 作为统治阶层，在社交的场域中通过资本兑换，也希望从科学上获得一定收益。法国的国王政权和首相也想通过科学为王权增光，得到实际的统治力量。因此在提出方案的代表人物和当时代表王权的首相之间，进行了反复三年的磋商后，② 法国科学院正式建立。另外，一战期间，美国政府也向托马斯·阿尔沃·爱迪生领导的一个顾问委员会寻求专业的科学知识。③ 二战期间，面对法西斯主义的兴起和战争的威胁，20 世纪 30 年代的科学共同体毅然投身于国家军政事务之中，最终导致了核武器的开发，这是政府内部和外部科学家之间密切相互依赖达成的结果。在当时，全社会都将科学看作变革和发展的源泉，科学家参与政治的趋势也日趋复杂。

今天的科学已远远超出了从前那种在个人爱好驱使下的求知活动。在获取国家合法性的同时形成了一种社会制度，并作为某种职业被确立下来。大学扮演着一种大量生产职业科学家的教育机构的角色。从事科学研究的场所、环境被"体制化"了，而支持赞助这种研究活动的则主要是来自国家制度上的认可。国王的神授权利、世袭的规则、经由大众参与的公意、传统或智慧造就的政府，以及其他原则，经常会作为科学合法性的基础。科学对典则这些方面的依附性，在很大程度上将是合法性的一个功

---

① 徐治立．科技政治空间的张力［M］．北京：中国社会科学出版社，2006：41.
② 刘珺珺．科学社会学［M］．上海：上海科技教育出版社，2009：87.
③ Peter J．Kuznick, *Beyond the Laboratory*：*Scientists as Political Activists in 1930's America*，［M］University of Chicago Press，1987.

能，成员通过自己的价值观而把合法性与典则本身联系起来。① 在赋予科学合法性的同时，统治阶层的元资本也获得了不少的收益，有利于自己统治上的稳定。

5.3　经济资本

5.3.1　科学运营

科学社交的场域中，获取科学运营资本也是重要的社交目的。科学进行大量研究时，是需要一定的运营费用。科学场域的资本不仅要考虑国家元资本统治，同时还要考虑管理方面的科学运营的经济资本。一类是进行科学研究获取科学本身资源的费用，另一类是用于购买或构建设备器材的财政资源或支付员工工资的费用。在科学的早期，这些经济资本的获取往往成为科学能否得以继续维持和经营下去的重要原因。科学社交的场域中，经济资本的兑换早期大都来自大家族和贵族阶层的锦囊相助。

哈恩指出，早期的科学共同体往往是借助组织者或赞助人的资金支持建立的，所以当时出现了许多私人的科学院。但是，这些活动团体和组织与他们的赞助人的命运密切相关，有的科学院因赞助人突然死亡而中断了活动，有的科学院因为赞助人匆匆离去而停止了联系。诸如此类的情况使得这些团体中献身科学的人意识到经济问题的意义。从事科学活动需要仪器和原料，这都需要资金，从事大规模的科学考察和探险就更需要钱财，而这些金额都不是私人所能提供的。有的科学院的赞助人如泰文诺也曾经

---

① ［美］戴维·伊斯顿. 政治生活的系统分析［M］. 王浦劬，译. 北京：华夏出版社，1999：349 - 350.

用自己的财力雇用过科学家，但终因费用太高而放弃了原来的计划。所以，重要的问题是怎样得到政府的财政资助。①

不仅如此，英国伦敦皇家学院也面临着科学经济资本支持和运营的问题。例如1799年4月，伦福德伯爵和伯纳德经过考察，商谈准备购置已故的梅利什的艾伯马勒街21号的房产作为皇家学院的场所，该房产总价值为4850英镑。随后，为了适应新的目的，房屋在原有基础上进行了扩建，著名的皇家大讲堂得以建成。② 伦福德伯爵同时还建议建立科学模型展览馆，将新的机械发明和改进装置等作为模型呈列展出，例如全尺寸各种类型的壁炉、加热炉、锅炉及厨房设备，以及一个完整的洗衣房和一个完整的家庭厨房，村舍、穷人使用的各种结构的纺车和织机、蒸汽机等。③ 这些陈列和在 SoHo 广场的一些收藏品，声名远播，吸引许多游客前来参观。皇家学院的设施和筹建将由九人组成的科学委员会来进行管理和运营，而这所有的一切都需要庞大的开支和运营经费才能够支撑起来。为此，伯纳德不得不成立了专门的图书馆基金，召集成员募捐到近4000镑的巨款，才使扩建计划得以落实。在强大的经济资本资助下，皇家学院一跃成为上流社会阅读和交际的重要场所，在这个大的科学场域内，兑换的经济资本完成了科学的运营。

早期皇家学院的经费主要来自科学家的自筹资金以及宫廷贵族的共同资助，并没有得到政府的资助，因此财政问题是早期学会面临的主要问题。学院早在建立之初就要求，每个人在他首次参加聚会时，要先交纳十先令，除此以外，不管出席与否，还得保证每周付一先令，这样才能保持

---

① 刘珺珺. 科学社会学 [M]. 上海：上海科技教育出版社，2009：86 – 87.

② Thomas Martin, "Early Years at the Royal Institution", [J] The British Jorrrnal. for the History of Science, Vol. 2, Dec. 1964, pp. 99.

③ Thomas Martin, Origins of the Royal Institution [J], The British Journal for the History of Science, Volume 1, Issue 1, June 1962, pp. 49 – 63

他与学院的关系。① 这些费用用于皇家学会的实验费用、雇员的薪酬以及委托会员们进行的其他研究。从这个规定可以看出，学会的收入与学会会员的数量密切相关。当然，这只是一种理想的情况，许多会员自入会之后从未按照规定缴纳费用，所以学会成立几年之后，拖欠会费成为让学会理事会头疼的一件事情，尽管学会采取了许多措施，但也无济于事，以至于后来不得不停止一些本想开展的科学研究。为了解决这种局面，皇家学会开始向上流社会富有阶层发展会员，以解决学会的运营问题。这些阶层加入皇家学会往往被认为是业余观察者而不是科学从业者。"米勒初步分析了班克斯治下的皇家学会的组织和管理情况，指出此时的皇家学会越来越像是某种'股份公司'。"②

作为 18 世纪伦敦众多俱乐部中的一个，皇家学会像其他俱乐部一样，为成员提供合意的社交活动，成员在其中享有特定的平等地位。皇家学会为会员提供与科学相关的社会交往，例如分享通信网络，获取经济利益，参与观察，使用仪器，阅读文章等。③ 当然，各地的会员加入这样的科学俱乐部在提供经济资本的同时，也换取其他资本，比如：获得功利、结识人脉、享受乐趣和名声的远播。

5.3.2 科学半商业化体制

当科学与市场结合起来，科学社交就有了真正的贸易性。科学的社交场域成了科学资源流通、传播和获得兑换、反馈的一个真正的贸易平台。在这种市场贸易关系下，双方都是相对独立的利益主体，互相平等，在贸易过程中拥有相对独立的权力。交易成本理论界定了组织交易的边界，并

---

① Harold Spencer Jones, The Early Years of the Royal Society, [J] Journal of Navigation, Volume 13, Issue 4, October 1960, pp. 365 – 382
② 李斌，柯遵科. 18 世纪英国皇家学会的再认识 [J]. 自然辩证法，2013 (2).
③ 同上.

且边界两侧的组织形态不可替换。科学社交的场域涉及有限理性、投机行为和资产专用性，实质是一种利益分配机制。组织内的交易各方相互依赖，通过各种关系进行专用资产交易。社交场域的作用力在横向和纵向交织的关系中，使得科学的组织边界初具形态。

不难看出，科学共同体由社会的精英或组织控制。这些精英负责共同体的"外部关系"——与社会谈判，尤其是与社会的官方双重代表谈判，即国家和工业。"情境在说话"的形式往往以官僚规划为特征——这是一种自上而下的方法，该方法有明确的目标、目的和责任，为科学家提供的公共基金都有清晰界限。① 科学研究私有化、商业化，无论是在过去还是现在，一直是脱离不开的一种经营方式。当然，在英国、美国和新西兰，以前完全靠政府资助的实验室，已经转变为半商业化的实体，并有望部分地通过为相关机构提供研究服务来维持其运行。至少在起初，许多实验室仍然能够保留原来的一些"客户群"，并继续向某一特定部门提供服务。② 1870 年开设的牛津大学克拉伦登实验室，1874 年剑桥大学的卡文迪许实验室，全部都是由赞助者的捐款建立的，从此在大学建立了实验物理学的研究体制。在牛津大学和剑桥大学，科学的专门教育真正全面开花是从 19 世纪末到 20 世纪初开始的。③ "瑞典皇家科学院作为非政府性、非营利性科学组织，早期经费来源比较独特，主要来源于'年历'和'国家日历'（State Calendar）的出版版税，此外，还有少量贵族、私人或公司的实物捐赠。"④ 在科学的研究领域中，科学的经济资本获得已经成为场域贸易

① ［瑞士］海尔格·诺沃特尼等. 反思科学：不确定性时代的知识与公众［M］. 冷民，等译. 上海：上海交通大学出版社，2011：126.
② 同上，82，83.
③ ［日］谷川安. 科学的社会史：从文艺复兴到 20 世纪［M］. 杨舰，梁波，译. 北京：科学出版社，2011：115.
④ 刘菲. 第三世界科学院（TWAS）历史语境和组织模式研究［D］，中国科技大学博士学位论文，2013.

中一项重要的社交目的和主旨，也正因为有了经济资本的赞助，科学的研究才能得以继续，同样，私人赞助、商业公司、各种名目的基金会和精英俱乐部也会利用科学的成果为自己获得更多的名声与殊荣，并且应用于实业，获得更多资本。

在基础科学与产业技术有组织的、系统的结合过程中，研究开发是初期产业研究暗中摸索和确立的道路。而且，科学为达到技术发明的目的，在产业内部开始了一个有意识管理的时代。对我们所处的时代而言，乍看起来毫无价值的普遍的现代科学，具备了 20 世纪这一时代状况所规定的特有的"产业化科学"的本性。① 公共领域和私人领域之间的边界，因个人问题和市场交换领地已经受到侵蚀。一些侵蚀是有意为之，比如对"公共的"服务和设施的私有化。反映出国家在"市场"条件下，作为科学商品和服务的购买者，将预算责任下放给更商业化的代理机构，通过创建"内部市场"鼓励不同的科学公共机构进行交易和竞争。② 在国家市场的作用力下，科学商业流通变得越发流行和普遍。例如，二战前，美国三分之二的研究是由企业为了商业目的而进行资助的，六分之一则是由政府资助的，另外不足六分之一的由大学和基金会资助。二战期间，联邦政府成为研究的主要的资助者，1944 年财政年度联邦政府经费占所有研究经费的四分之三。③

另外，二战期间军方与物理学家的合作，说明了技术如何成为一个流通到不同领域的作用者。用安德鲁·皮克林的话来说，在设计一个原子弹和一套雷达系统的努力过程中，通常是双方中的某一方为了回报另一方的

① ［日］谷川安.科学的社会史：从文艺复兴到 20 世纪［M］.杨舰，梁波，译.北京：科学出版社，2011：129.
② ［瑞士］海尔格·诺沃特尼，［英］彼得·斯科特，［英］迈克尔·吉本斯.反思科学：不确定时代的知识语公众［M］.冷民，等译.上海：上海交通大学出版社，2011：25.
③ 於荣.社会资本与美国科学政策的制订［J］.清华大学教育研究，2005：69-73.

馈赠，放弃自己的部分主权，物理学家教人们如何制造雷达系统和原子弹，并提供硬件设施，军方则提供空前规模的资金。但这种关系不是简单的叠加，也不是与一个现有的、稳定的机构联合或合并，相反，不排除，军方其实质上是在围绕物理学，并利用物理技术来改进军事武器的核心要素。军方包裹在物理学家之中，改变自身的形象，并用物理学家来包装自己。在这一包裹过程中，物理学移向军方中心，军方则变得依赖它。物理和工业形成了常规的科学市场交易。

从 20 世纪中叶开始，产业界与大学的密切结合进一步加速。大学教授兼任企业顾问的现象已司空见惯，企业则成为有竞争力的大学科学研究的赞助者。但总的来说，学院派科学家不能无视来自企业的强烈需求已经成为一种共识，而且，来自企业的大笔研究赞助资金的魅力是无法抗拒的。可以说，美国的情况和德国一样，接受企业赞助的研究者并没有放弃基础科学研究，只是表面偏向于实用研究，立志于产业技术的科学研究的倾向较强。约翰·霍普金斯大学的雷姆生坚持 19 世纪英国式的修养主义和德国纯粹科学理念，并对美国研究型大学理念的确立起到决定性作用，他在晚年也对以洛克菲勒、卡内基、梅隆等大企业为后台的慈善财团在大学内的赞助研究所处的优势地位感到忧虑，但他对这种局面也只是采取模棱两可的态度。① 科学似乎改变了产业的性质，产业也改变了科学的性质。为产业提供多少服务和为企业创造多少利润，这种牵涉"盈利"的价值评价标准影响了科学的发展。

---

① ［日］谷川安．科学的社会史：从文艺复兴到 20 世纪［M］．杨舰，梁波，译．北京：科学出版社，2011：128.

5.4　社会资本

5.4.1　科学社交中的社会网络

在科学社交的场域资本中，社会资本非常活跃，科学的作用力关系尤其是要通过认识与交往的关系逐渐形成和完善。科学权力不再是传统政治经济学家论述中某个具体实施集团对另一集团的强制性力量，而是呈现出一种关系的网络。随着科学社会关系的密度与交往的频繁度，科学思想传播范围逐步扩大，处于这种社会网络关系中的每个人都是自觉不自觉地融入其中并参与共享，而且每个人也通过自身日常生活中的行为进一步加强这种关系网络。

布尔迪厄在资本研究过程中，系统论述了社会资本。布尔迪厄认为："社会资本是那些实际的或潜在的资源的集合体，那些资源是同对某种持久性的网络的占有密不可分的，这一网络是大家共同熟悉的、得到公认的，而且是一种体制化关系的网络，换句话说，这一网络是同某个团体的会员制相联系的，它从集体性拥有的资本的角度为每个会员提供支持，提供为他们赢得声望的'凭证'，而对于声望则可以有各种各样的理解。这些关系也许只能存在于实际状态之中，只能存在于帮助维持这些关系的物质的或象征性的交换之中。"① 同样，普特南也认为，社会资本在组织合作方面具有一定的功用型。普特南将社会资本划分为两种基本类型——内部社会资本和外部社会资本，前者指的是来自亲密的人际关系的社会资

---

① ［法］布尔迪厄. 文化资本与社会炼金术［M］. 包亚明，译. 上海：上海人民出版社，1997：202.

本，如情感慰藉、健康救助和其他一些意义比较重大的帮助；后者指的是来自一些偶然认识的人和偶然关系的社会资本，如一些新鲜的观点和多样化的世界观等。

综上所述，社会资本具体体现在人际交往的社会关系里面。科学社交的一个重要目的，就是要获得广阔的社会关系，完成更多的贸易兑换，来获得科学长足的发展与传播。科学社交所做的贡献就是通过一定的社会关系，把对科学有兴趣和关注的不同领域的人群聚集起来，为科学的发展提供有效的保障。关系网络是科学社交的产物，是科学主体经过一个长期的社交过程所形成的。社会资本是通过一整套的科学物质和科学符号的交换行为而获得的。

科学场域既有纯而又纯的科学功能，也有身处该场域中的其他行动者形成某种人际关系的社会功能。诸如阿尔伯蒂那样有声誉的人文主义者接受美第奇家族作为资助人就是代表性的例子，这是多才多艺的人与有权力者各自结成的私人关系。这不是由法律或契约保障的关系，而是以道义上的、社会性的纽带结成的非正式的主从关系，以弥补公共社会体系中的缺陷。接受资助的人不仅蒙资助人优渥关照可以领到报酬，甚至还可以有保障地获得政府、教会或大学里的职位，结成对己有利的婚姻，或打赢官司。另一方面，资助人可以获得接受资助的人的忠诚宣誓，建立人际关系网，不但可以增加社会信誉度，还可以用来形成政治上的党派。像美第奇家族这样的资助人在当时自豪地被社会上公认为是创造公共价值的核心人物。尽管有这样的功能，资助在本质上绝非是组织关系，是偶尔结成的松散的关系。接受资助的人在多个资助者之间穿梭来往，同时自己也可以成为其他人的资助人。[①]

伽利略也利用社会资本来增加自己的科学名声以及保住自己的职位。

---

① ［日］山崎正和. 社交的人［M］. 周保雄，译. 上海：上海译文出版社，2008：116.

例如，1605 年夏天，伽利略在佛罗伦萨做年轻王子科西默的数学家庭教师，并且把自己写的《星际使者》一书献给了科西默大公。"随后伽利略再次获得帕多瓦大学的聘任，还增加了薪水，同时应邀访问比萨的宫廷，被任命为托斯康宫廷首席数学家兼哲学家。"① "1609 年，伽利略将自己的望远镜献给了威尼斯政府的总督后，他获得了终身教授的职位，薪水增加了将近一倍。"② 1611 年伽利略投靠佛罗伦萨美第奇的宫廷时，提出条件，除了要拥有数学家的头衔外，还要得到"哲学家"的头衔。伽利略所谓的哲学家的确切含义并不十分清晰，但是，他提出这个要求，显然是想把数学家的职业提升到传统上的更有尊严的哲学家的崇高地位。③ 社会资本所收获的资源表现为"科学信用"所带来的价值，这种价值是通过获得声誉、奖金、职位、参与社会团体的活动而得到保证。这种"荣誉性的信用"是个人的，它不可转让，并与学者的名字相关联。

隐性的科学人脉关系是在科学社交的博弈中积淀而成的。科学社交最初是靠着对科学的兴趣而产生的交往互动关系，这种交往关系常常是在"绅士"住宅的"公共房间"里进行的。当科学被认为是可靠的、通过认证和取得合格证书时，就接近了社交的公共地带，这就能够为绅士所需的条件提供有效的证明，具备了为社交关系提供兑换资本的客观条件。社交是体面人之间的一种体面的关系，即能够带来利益的自由人之间的关系，他们自由地汇集于社会化资本周围，活跃于社交空间，从认识的合法性中寻找所需要的资源支持。

---

① ［英］S·德雷克. 伽利略［M］. 唐云江，译. 北京：中国社会科学出版社，1987：72.
② 同上，77.
③ ［法］布莱等. 科学的欧洲——地域的建构［M］. 高煜，译. 北京：中国人民大学出版社，2007：13.

5.4.2　万尼瓦尔·布什的社会资本运用

科学社交下的场域是权力游戏和竞争的空间。在这个空间里存在着掌握大量资本的社会行动者和群体，他们分别在各自的场域占据支配地位。作为掌握整个社会资本再分配的仲裁者和控制者们，为了获得寻求真理的好名声，在与科学共同体的社交与互动中，希望通过注资和支持科学事业发展的方式把各种资本转换，目的在于最先掌握科学资源，作为社会引领者。从这个意义上来讲，社会资本与科学象征资本实现了兑换。科学社交场域资本的转换和博弈过程实际上是各种权力形式或资本之间力量均衡的过程。社交场域兑换的焦点在于各种彼此对立的资本形式之间的相对价值和"兑换率"是否合理。"兑换率"是根据场域不同的位置占有者拥有不同的资本以及对资源垄断的程度而决定。

万尼瓦尔·布什是二战时期美国最伟大的科学家和工程师之一，他是精英科学家的领袖，人们把布什看作科学管理者而非科学家。万尼瓦尔·布什曾是华盛顿宇宙俱乐部社交的常客，在宇宙俱乐部，万尼瓦尔·布什与美国政界的总统、军界、社会名流建立了广阔的社会关系，积累了丰富的社会资本，凭借社会资本，万尼瓦尔·布什把科学提高到了国家重要的政治地位。万尼瓦尔·布什在美国政界、军界享有很高的政治地位。作为科学研究和开发办公室主任，布什与罗斯福总统有着良好的私人关系，在他的倡议下，罗斯福总统接受了建立了科学研究局的建议。从此，在万尼瓦尔·布什的带领下，由一批科学家组成的科学研究局无论是在美国的政界，还是军界，都获得了举足轻重的地位。万尼瓦尔·布什投身于美国军事事务，设置了"曼哈顿计划"，并帮助美国在二战的军事上获得了胜利。万尼瓦尔·布什曾在著作《现代武器与自由人：讨论科学在维护民主方面的作用》指出，"如何避免战争？目前最强有力的因素就是科学和民主。

现在科学已经完全改变了战争的本质并且现在仍旧在改变着!"① 不仅如此,布什凭借社会资本和政治声誉,还开展了科学在商业和企业上的运用。

另外,万尼瓦尔·布什通过社会资本与国会的社交友好关系,为科学家建立了影响力和声望。一群杰出科学家成功地管理了美国大量的战时研究计划,使得科学家、企业和军方之间在社交边界中形成共同合作联盟。

---

① Vannevar Bush: Modern Arms and Free Men: A Dicussion of the Role of Science in Preserving Democracy, [M] Simon and Schuster; First Edition edition. 1949, p. 2.

第 6 章

科学社交边界的传播控制研究

　　传播边界的无限扩大或者扩大过快，都会侵蚀其他领域，因此对科学边界的控制也是统治阶层或其他领域当事人所要考虑的主要问题。每一个时期，无论是政府与科学刻意保持一定的距离，还是党派对科学进行行政上的干预，又或者是当局秘密掌握科学数据，实际上都是对科学社交边界传播上的一种控制。当然，科学社交边界的传播，过度扩张或者过度抑制都对科学发展不利。

　　科学社交边界，大都是针对科学外部的经济、政治和文化利益的权衡与考量下建立的融合区域。传统观念上，科学家往往根据一些研究项目内在的科学价值来决策资助。但是该特定项目的外在社会价值和经济价值，要由基于社会经济和政治的多元化之上的更广泛的利益共同体来决定。科学社交边界传播是激发科学的潜在用户，考虑科学的潜在社会效益。由于科学的领域传播过快，或者领域侵袭过度，则会遭到当事人或者当局的控制。科学传播，即便是有潜在贡献，也不得不考虑到外部社会环境的存在。因为科学的发展除了存在研究资金上的竞争外，还要看科学的价值是否与统治阶层一致，如果冲突，制约就会出现。科学社交边界的传播受到控制，其本身资源会受到限制，科学权利无法获得应有的保障。

　　科学传播受到控制，无论是隐性还是显性，其"隔离"都会在科学家、政府和产业界之间产生一定的影响力。它阻碍了跨越这些边界的合作和联动行为的发生。如同鲍姆戛特勒等人所说，社交控制行为，存在两种方式：其一是行动者把事件控制到符合自身的利益；其二是通过自主的控制关系来进行社会交往。① 科学社交边界上的传播控制分为科学行动能力和科学资源的控制，这些控制通常会与统治阶层在交往过程中通过利益交换、冲突和影响体现出来，常常表现为权力资源的分配以及社会地位的赋予。纵观历史，科学社交受到传播控制的事件很多。例如国家科学专业顾问成了政治交战双方可以利用的资源，导致了科学的政治化。

6.1 科学意识形态与科学距离

6.1.1 科学社交的意识形态传播

葛兰西曾一针见血地指出："科学实质上是一种显著的政治活动。可是，如果将科学的政治性（知识）和社会的政治性（权力）混为一谈的话，就是对科学场域历史制度发展形成的自主性轻描淡写。"② 在布尔迪厄看来，"由于科学家所提出的关于社会世界知识被赋予了科学的权威，因此，不管他们愿不愿意，也不管他们是否意识到，他们都已经卷入到意识形态的斗争之中了"③。当今社会中，科学家想获得一定的政治经济权和自主权并不是一件容易的事，为此，一批科学家前赴后继，不断地为之付出努力而尽力争取。科学家的自主性并不意味着对社会干预的回避，自主性绝非躲进象牙塔的逍遥遁世，自主性体现为运用自主性的文化资本和象征资本干预公共事务。

---

① ［荷］盖叶尔 佐文. 社会控制论［M］. 黎鸣，等译. 北京：华夏出版社，1989：10.
② ［法］皮埃尔·布尔迪厄，华康德. 实践与反思：反思社会学导引［M］. 李猛，等译. 北京：中央编译出版社，1988：50.
③ 宫留记. 纯科学资本与制度化科学资本？［J］. 自然辩证法研究，2008：18.

科学不仅对人们的思想能够开启明智，同时还能够把人们从权力的压制下解放出来，促进政治意识形态的变革。科学社交的意识形态的传播，其本身就是运用知识获取权力，利用科学的经验性及其工具效果推动生产关系和上层建筑的变革。例如，美国政治的合法性基础在很大程度上是依赖于科学权威的。一直以来，美国都是依靠科学理性、经验主义和与政治无关的中立的专业知识来使其公共行动合法化。美国的开国元勋是务实派，他们并没有将理性或把他们对科学的热爱上升为一种新的宗教，而是将科学纳入政治体系当中，成为国家合理统治的依据。正因为如此，几乎从共和国成立伊始，科学精神或者实验方法就已渗透到美国的文化、政治和社会之中。这一传统表现在治理的许多具体方面，也体现在构成公众行为基础的自由民主信条之中。美国在本质上是实验社会，始终在创造自我，并将实践理性应用于国家事务。① 例如联邦政府中的科学技术咨询可以追溯至共和国成立的早期。共和国的缔造者们都是知识渊博且具有启蒙思想的人，他们对当时的科学表现出了浓厚的兴趣，并试图将技术性知识引入公共事务之中。美国宪法打破君权神授的传统，建立了一种"新的政治科学"，并以此作为治理制度的核心。麦迪逊、汉密斯顿、富兰克林、杰斐逊、亚当斯、潘恩、利顿豪斯和巴特罗等人，把政府的统治和立法看作是一门科学，其依据知识和理性来发现能够指导正确行动的原则。② 政治家更关心的是利用科学的声望和客观性来使他们的行动合法化。

在一个国家进行改革时，科学共同体的社交边界就要向社会情境靠拢，需要把研究计划和社会需求结合起来。因此，科学意识形态、科学的

---

① ［美］布鲁斯·史密斯. 科学顾问——政策过程中的科学家［M］. 温珂，译. 上海：上海交通大学出版社，2010：17.

② Yaron Ezrahi, The Descent of Icarus: Science and the Transformation of Contemporary Democracy (Harvard University Press, 1990), esp. chaps. 1, 4; Donk. Price, America's Unwritten Constitution (Louisiana State University, 1983); 以及 Bruce L. R. Smith, American Science Policy World II (Brookings, 1990), chap. 1.

优先权在国家体制改革当中起到了引领作用。科学共同体与统治阶层之间的社会交往要符合社会参量。政治家、科学家共同的价值观理念会有助于资源的整合和流通渠道形成。科学的意识形态会以国家的政治途径传播给公众，影响到社会每一个领域。

6.1.2 科学与政治社交的边界力

在现代科技与政治的互动过程中，边界力将二者紧密相连，科技的空间已经逐步进入到政治管理范围的核心中。这种边界力既有吸引力，也有反作用力。当科学服务于政治并实现其政治统治目的时，边界力是极具有吸附力的。科技的空间与政治空间相互交织，形成了"科技立国"的政治策略；当科技的价值与政治产生冲突时，这种边界力则成为反作用力，成为一种禁止对方扩大边界的控制力量。科学与政治的社交边界一直是在暧昧与制衡中交往。两边空间边界的暧昧期体现在科技作为政治意识形态变革的因子，政治需要科技为统治阶层的政治扩张形成有效的社会力量。贝尔纳甚至说："就科学家个人或团体力图影响社会而言，他是在进行政治活动。"① 但是当科学的空间有超越政治的领域时，其边界力会发生反弹，并形成一种制衡和控制。美国新生代科学哲学家约瑟夫·劳斯认为，对科学的知识论探讨的空间正是在与政治探讨的空间相对立中形成的。② 劳斯在阐明科学知识与权力政治的关系时指出，政治有时会制衡或控制科学，就像伽利略虽然内心保持对哥白尼的信念，但是面对教会必须进行妥协。

当代社会中，科学与政治之间的边界在矛盾与暧昧中发展着。一方面，统治阶层将科学知识作为重要的政治资源，有效地获得和控制科学来加强自己掌握真理的主导权。但是科学共同体又希望在获得合法性的同时

---

① 徐治立. 论科技政治空间的结构与张力 [J]. 辽宁大学学报：哲学社会科学版，2005：61.
② 徐治立. 科技政治空间的张力 [M]. 北京：中国社会科学出版社，2006：239.

拥有一定的独立和自由，这样势必会对政治的控制提出反制。在美国等西方国家的议会中，科技与政治间边界的协调与妥协是常见的。美国政治科学家布莱勒指出："处于国会政治中心的讨价还价与妥协，时常与细心检验假说的科学界发生冲撞，也冲击着达成一致的需要耐心的发展过程。"①科学与政治边界的不确定性、模糊性成为党派获得民众支持的一个重要的调节器。法国后现代思想家利奥特尔表示："'国家可以花费大量金钱以便科学能以史诗的面目出现，国家通过史诗使自己变得可信，引起公众的赞同，这是它的决策者所需要的。'美国政治科学家罗斯金等人认为，科技知识在一定程度上能够成为当代政治家进行治理的工具，也是政治精英获取政治权力的合法来源。另一方面，科技理性价值也要由公众通过政治途径实现合法化。"② 科学与政治相伴相生，科学为政治提供统治的价值体系，科学传播又使民众扩大参政能力，实现政治民主化。

　　科学与政治的社交边界力最典型的实体就是美国总统科学顾问制度。这种制度的建立要归功于科学政治家万尼瓦尔·布什，美国二战的胜利很重要的因素是听取了他对科技的发展建议。此后，艾森豪威尔政府设立了总统科学顾问委员会，使白宫广泛地听取科学意见而进行有效的决策。总统科学顾问的地位和作用被看作科学界与政府边界关系的重要指针。老布什总统时期，赋予科学顾问极高的地位，并吸纳其成为内阁成员。白宫科学办公室的命运似乎在老布什总统任职期间得到了实质性的改善。老布什总统选择让耶鲁大学物理学家艾伦·布罗姆利做他的科学顾问。布罗姆利是一位杰出的科学家，在顾问委员会里从事专业服务的时间很长，从特别助理提升到总统科技助理的位置——这个变动标志着科学顾问的地位已经

① 徐治立. 科技政治空间的张力 [M]. 北京：中国社会科学出版社，2006：107.
② 同上，72－73.

接近于国家安全和内政顾问及其他少数几个备受信任的助手的地位。①
1989 年 5 月，布罗姆利建议老布什总统成立总统科学技术顾问理事会。布
罗姆利还力求为政府机构间科学事务的协调机制注入新的元素。联邦科
学、工程和技术协调理事会被赋予了一个更广泛的职权。由布罗姆利主持
其会议，各机构前来参会的通常都是高级官员。布罗姆利执掌的联邦科
学、工程和技术协调理事会试图成为政府跨部门计划的协调平台。布罗姆
利要求的员工规模要比里根总统时期的科学办公室所拥有的人员规模大很
多，也比以往承担了更加广泛的职责。科学办公室在白宫里的活动水平和
对白宫运作产生的总影响，似乎是以前从未有过的。显然，老布什总统对
总统科学技术顾问理事会产生了浓厚的兴趣，并出席该委员会的月度例
会。② 克林顿政府时期，两任总统科学顾问吉本斯和莱恩也很受重视。随
着执政党的变更，每一届政府的政治过程越来越兼具科学的改造，科学占
据了政治的核心内容。

6.1.3　科学的边界距离

科学意识形态在没有波及国家统治阶层利益的时候，或者有助于国家
统治力量的稳定时，是受到国家元资本的支持与赞助的。但是如果当科学
威胁到统治阶层，统治阶层会采取一系列的手法去加以控制，控制科学的
边界，以防其越界，让它存在于合理的空间范围里。因此，在每个国家的
不同时期，都会看到掌权者既推动科学传播，但又刻意对其保持距离，对
其边界加以适当的控制。统治阶层担心的是自己的特殊利益和追求被"纯
粹"科学的意识形态所"污染"。因此，决策者必须控制科学对政治领域
过多的干预和介入，以便保留其自主性的决策。当代社会，统治阶层保持

① ［美］布鲁斯·史密斯. 科学顾问——政策过程中的科学家［M］. 温珂. 译. 上海：
上海交通大学出版社，2010：227.
② 同上，227 - 228.

与科学的边界距离，突出地体现在他们不仅驱使科学与社会适度地分离，而且统治阶层致力于控制专家建议的应用，如宣传、保密以及解释，还挑选专家顾问以及这些顾问所代言的知识领域。这种适度的边界距离其实质是一种统治阶层对于科学隐性的控制，当然也是政治官方与科学不伤和气的边界关系。

因为从历史的发展过程中来看，统治阶层对于科学的过度管控和干扰造成了对科学活动的严重伤害和对科技发展的阻碍，这是有着深刻教训的。古今中外有许多政治科学事件，如苏联 1929－1931 年对德波林的斗争中提出改造资产阶级科学的口号，扭曲了科技的正常活动，利用政治权力强行控制科学，给苏联科学发展带来严重挫折。20 世纪 30 年代纳粹分子为达到消灭犹太人的政治目的，用政治权力扩展"雅利安（Aryan）科学"，消灭"犹太科学"，给科学发展带来极大危害。新中国成立后直到"文革"时期，受苏联影响，用政治力量极度干涉学术活动的自由，先后对现代科技中的控制论、共振论、相对论、大爆炸宇宙学等进行讨伐，严重妨碍了科学发展。[1] 这种政治上的控制，使得科学共同体消极地寻求自我保护和独立的空间，极力避免涉入政治领域，强调"纯粹科学"的客观自由，恪守着一种"远离政治"的态度。

在近一个世纪里，发达工业化国家的科学已经逐渐培养出一个与周围社会相分离的新现象，并发展成一种新的风气。科学和其他的社会权力机构例如教会、国家、公司以及媒体保持一定的距离。科学边界的距离曾经创造出一个相对自主的独立空间，这是一个独特、科学共同体自我保护的空间，其宗旨遵循科学自由地发展。19 世纪，相关的"应用科学"逐渐过渡到了企业工业实验室。因此，以大学为基础的科学家们珍惜从事研究

---

① 　徐治立 . 科技政治空间的张力［M］. 北京：中国社会科学出版社，2006：45.

的自由，无论该研究进行到哪里，也不在乎该研究会出现什么结果。① 今天，行政权力对科学的控制更加微妙含蓄，也更加具有渗透性和普遍性。

除此以外，科学的边界距离更体现在统治阶层控制科学专家的建议。尤其在战争、国家安全、环境保护，以及那些威胁生命的疾病的治愈方法等方面，科学研究的轨道要受制于政治的命令。总统顾问万尼瓦尔·布什为了赢得科学研究的自由和优先权，换取来自政府的持续资金支持，曾在二战尾声提出科学要与国家之间的新型社会契约相一致。但事实上，科学被美国政府一直用各种各样的条件作为限制，经常被边缘化。例如，当时围绕越南战争的争论日趋激烈，美国约翰逊总统同其他科学顾问的关系变得更加疏远。作为政府顾问的科学家们竟然公开表示反对战争，这激怒了约翰逊总统，他对反对的声音采取了不予理会的态度。1968 年，约翰逊总统决定禁止科学顾问委员会成员在白宫食堂进餐。约翰逊任期结束的时候，科学顾问在国家安全政策问题上已不再具有重要的影响力。② 这种紧张关系，一直延续至尼克松总统时期。一些总统科学顾问会成员公开反对尼克松总统最热衷的两个项目，即建造超音速运输机和开发反弹道导弹防御系统，这让尼克松总统感到非常恼火，并于1973 年 1 月解散了总统科学顾问委员会。尼克松和科学家之间的论战最终导致了白宫科学办公室在1973 – 1976 年间被逐出白宫。③ 科学被统治阶层边缘化，根本原因是科学家的政治见解和政府相差太远，彼此的价值理念发生了根本性的冲突。科学与政治总有着无法跨越的隔阂和距离，这种思潮一直影响着科学与统治阶层的交往关系。科学的边界距离始终提醒科学共同体应该设法使自己的

---

① ［瑞士］海尔格·诺沃特尼. 反思科学：不确定性时代的知识与公众［M］. 冷民，等译. 上海：上海交通大学出版社，2011：136.
② ［美］布鲁斯·史密斯. 科学顾问——政策过程中的科学家［M］. 温珂，译. 上海：上海交通大学出版社，2010：212.
③ 同上，224.

价值观与政治的考量分开。科学远离政治，但是又要国家推动科技议程，这种边界的距离拿捏是一个复杂而又矛盾的综合体。

6.2 党派竞争下的科学控制

6.2.1 小布什总统对科学家的控制

在历届的美国总统竞选期间，科学争议以及对科学意识形态合理的认知成为执政获胜的因素。当这些科学意识形态的观点与政治领导之间产生竞争，它的合法性就会受到质疑。美国科学争议的冲突，直接反映在所谓科学保守和科学开放的外交立场上，这种种冲突助长了系统中的分裂力量，因而可能间接地影响了公众对当局执政的信任度。但是，这种科学争议不会直接地反对或支持现存的政治秩序。这种科学争议可以称作党派之间的利益之争。

当执政者在涉及公共事务和公共利益分配、行使国家行政权力决策时，常常会涉及科学管理体制。一方面执政者通过主导科学推进自己党派利益的观点，另一方面，又利用科学与在野党之间展开公开的竞争。这意味着党派之争始终操控着科学的使用权，监督与管理科学，并约束科学。尤其在美国，最突出的表现在科学的资源分配和科学的政治观点之间的矛盾与冲突。共和党与民主党两党各执一词，分别持有不同的科学政治观点，发表不同的科学论据和科学认识，以期望在科学的矛盾与冲突争议中获得更高的利益和权力。

布尔迪厄非常关注那些由委员会、办公厅和政府部门等把持的政治场域，在这些场域中，行动者和行动者所组成的集团（如政府部门和非政府方面的组织）为了争夺某种特殊形式的权力而展开斗争。这种权力正是上述这些部门通过立法、管理、行政措施（如补助金、授权、限制等）来实施统治的。①总之，布尔迪厄关注的都是与行动者的生活实践有关的具体场域。①执政竞争党派对科学的态度很大程度受到权力机构的影响，同时也会因为持有的科学观点来获取更多民众的支持。因此，出于获得科学追求真理和达到实际政治利益的愿望合理化，科学与政治之间就形成了一种合谋。事实上，科学还是服从于政治。那就是在国家政治体制下，科学主体需要在符合执政者的利益前提下施展科学策略和计谋以获取科学基金或奖金，并且需要利用科学的话语权和影响力来获得社会的认同。在美国执政者看来，对科学的管理，需要科学家的研究主题必须与党派立场保持一致。这是一种施加科学场域的现实权力，这些现实权力都与国家的体制相关联。

美国的科学像美国的政治和宗教信仰一样，呈现出分散化、多元化且派别林立的特点，而不是服从于一个统一的权威。对于极具科学争议的事务，党派之间的争论双方都会带着强烈的派系色彩并分别向其科学顾问求助。但是，对科学家来说，派系之争会有损于其专业知识的创造，而且会破坏科学作为客观知识体的权威性。于是，在关于科学作用的核心问题上出现了一个悖论，即在管理国家公共事务的过程中，实际理性将会代替既有真理，而当理性被引入政治领域时，其作为政治诉诸科学之基础的客观性将受到侵蚀。

近几年，美国党派的政治稳定与该党派的持有科学公共立场有直接的关系。科学信息已经成为党派能否有更超越的执政能力的象征。所以科学议题负有政治命令和任务。科学在政治党派的权力下得到维护，科学研究便会因此而披上合法性原则的外衣。但是，如果当局把科学议题视作违规，则科学研究从行政命令或指示下成为反社会反人类的异物。科学研究

---

①　宫留记. 布迪厄的社会实践理论［M］. 开封：河南大学出版社，2009：67.

多年来一直成为美国政府中具有争议的话题，这种争议不仅能够影响公众对科学的判断和认识，同时也会进一步影响对科学研究进行投资的商业公司。而政治党派的背后与大资本有着千丝万缕的联系，所以这种连锁关系成为一种互相制约、互相影响的科学政治商业关系，并构成一定的约束力。在多年执政竞争的过程中，科学的合法性和科学的权力获得一直是科学共同体道义上的信仰或义务。

在参与国家事务时，科学的边界往往是受到控制的。"例如小布什政府当政八年，对科学界的边界领域控制非常严格。小布什总统上台不久即宣布退出1997年缔结的关于减少二氧化碳排放的《京都议定书》，并退出《反弹道导弹条约》，引起美国科学界一片不满和抗议。而且在2001年上任后的近一年里，小布什一直没有任命总统科技顾问，这一现象被《科学》杂志评为2001年度世界最大的科技丑闻。"① 美国"9·11"事件爆发之后，小布什因为反恐战争而动员科学界为总统服务，并任命布鲁克黑文为国家实验室主任，物理学家马伯格为白宫科技政策办公室主任、航空安全和恐怖主义总统委员会主席。但是马伯格地位却低于白宫其他总统助理，科技政策办公室对白宫政策的影响力越来越弱。尤其在胚胎干细胞研究问题上，小布什总统严格控制联邦科研的资助资金，并动用否决权，禁止对该项目进行研究。为此美国科学界曾表示不满。

2004年2月，美国将近4000多名科学家，其中包括48名诺贝尔奖获得者的科学家联盟发表声明，提出了严厉抗议，批评小布什政府经常操纵科学、利用并打击科学。声明指出政府对科学的控制已经削弱了国家应对挑战的能力。美国物理学家理查德·加尔文就在联合声明上签了字，谴责小布什政府滥用、压制并歪曲科学家们提出的科学建议。随之而来的，美国科学家与小布什政府之间的矛盾明显加剧，在一些科学家会议上，或是

---

① 樊春良.奥巴马政府的科技政策探析［J］.中国科学院院刊，2009：266.

在一些科研杂志上，政府和科学家相互指责，矛盾日渐尖锐突出。白宫还解雇了总统顾问委员会和一些科学顾问团的不少著名科学家，而且有披露称，科学家遭到了政府的虐待。美国康奈尔大学物理学家、美国相关科学家联盟主席库尔特·戈特弗雷德表示对发生此类事情感到非常震惊。小布什政府官员对科学家们提出的批评给予了驳斥，他们认为科学家误导了普通社会公民，并指责他们干预了政治，声称小布什政府的政策建立在糟糕的科学基础之上，破坏了政府政策的执行。美国相关科学家联盟提出反对观点，认为政府在进行决策时，应该采用精确的科学信息作为决策依据。小布什的总统科学顾问约翰·马尔堡三世在接受电话采访时表示，不愿看到科学被用于政治目标上。48名诺贝尔获奖科学家更是这样坦言，他们希望能选出对科学重视的美国总统。美国生物武器专家 D. A. 亨德森博士曾表示，老布什当年选择他出任白宫科技政策办公室主任时，所器重和关心的，是科学专家级意见。

科学的争议不仅出现在小布什政府，自二战后，科学常成为某些政治斗争的中心。美国一些科学家或科学研究组织无奈被卷入政治，被迫走上政治舞台，对政府干预某种科学的决策提出批评。同时科学人士对里根提出的"星球大战"计划表示强烈反对。此后，科学家们遭受了统治阶层不断增长的政治压力和监视，并且科技人员内心的价值信念严重扭曲，以致身心备受摧残。从以上不难看出，科学在进入政治的边界时，是受到控制的。当科学技术的进步已经扩大了"政治的"地盘时，政治边界一定会有反弹。政府发布的科学政策产生的分歧，是科学与政治博弈的过程。在当代，科技活动遇到一些重大问题时，有时不得不向政治妥协。

6.2.2 奥巴马、小布什政府的执政轮换竞争：科学沦为战利品

科学在执政党派轮换下的控制，逐渐被异化，沦落为美国党派之争的战利品。在政治的操控下，科学被不同的垄断集团异化。异化的概念分布

源于垄断集团控制的科学边界的范围和深度。这种异化，受用于某种政治形式目标，并作为一种政治权力的分配关系和变迁的前奏。因此可以说，在特定适当的条件下，科学异化成为政治控制的一个重要武器。所谓的重要武器就是：科学的观点成为政治上台的重要利器。科技与政治含混不清地重叠在一起，而科学也沦为党派之争的交易筹码。"从弗兰克·普瑞斯开始，科学顾问就非常明确地告诉大家，他们只服务于总统而不代表整个科学共同体。"① 普瑞斯颇有成效地为卡特总统提供服务（但是他有足够多的渠道从科学共同体得到非正式的建议）。另一方面，罗纳德·里根的科学顾问乔治·肯沃斯、约翰·麦克塔格以及威廉·格雷厄姆，被同事们指责为听取外部建议的面过窄，没有足够的影响力，而且还有人指责他们从一开始接受这个职位就没有坚持直接接触总统。②

如今大部分科学的主旨与观点越来越多样性，很多利益集团选择用以支持他们立场的科学观点，科学逐渐被异化，被利益化，成为"垃圾科学"。科学越来越被执政者制造出来，沦为战利品。尽管在每一项科学问题上，争论者之间政治上的见解相当不同，但是科学却被理所当然地变成党派合理争斗的战场，成为战利品。科学被当作了意识形态争论中战略和战术上的资源。政治化了的科学为执政轮换的党派做了立场上的刻意包装，一些科学信息也是作为陈述立场的依据而被精心挑选，并成为他们政治争论的主要内容。科学已经变为政治过程的固有成分。尤其在党派竞选时，候选人为了获得更多的票数滥用科学主张。科学不仅成为政治上的争论，而且还常常成为党派之间唇舌大战的导火线。科学的政治诉求通过双方的辩论间接地将各自的立场隐藏其中，执政党派利用科学信息源来实现利益的合理性。激辩的党派双方都雇佣自己的科学团队，科学逐渐成为政

---

① ［美］布鲁斯·史密斯. 科学顾问——政策过程中的科学家［M］. 温珂，译. 上海：上海交通大学出版社，2010：226.

② 同上.

治角斗的工具。

例如 2012 年美国总统大选就是一场科学的激战。两派角逐总统候选人提名的四名竞选人中，罗恩·保罗、米特·罗姆尼、里克·桑托勒姆和纽特·金里奇都在辩论会上谈论自己的科学观。共和党和民主党关于科学及与科学进展相关的生殖伦理以及气候变化和环境问题，成为争论的焦点。随着总统竞选的变化，候选人持有的科学立场也跟着变化。2012 年总统候选人米特·罗姆尼曾采用了科学共同体的观点，声称人类是气候变化的罪魁祸首。但是随着竞选的临近，为了加大自己的票数和获得其他利益集团的支持，其原有的科学观点也发生了变化，对于气候变化的立场又摇摆不定，模棱两可。同样，得克萨斯州的前众议员罗恩·保罗、前宾夕法尼亚州参议员里克·桑托勒姆为了保护自己的政治利益，对于气候变化的科学结论不惜公开滥用，公然反对美国环保署，在科学的严谨性和原则上表现出了无知。共和党中的政治家质疑气候变化的腔调，造成了科学界与共和党之间的矛盾，使得美国的科学界逐渐与民主党形成联盟。于是，一些科学传播学者认为，美国影响公众科学态度的，不是科学家而是政治家。

与共和党布什政府相反，美国总统民主党奥巴马上台执政后，赋予了科学界一定的政治地位。"奥巴马在总统就职演说中说：'我们要把科学恢复到它应当的位置。'"① 他不仅将布什政府撤销的科学顾问委员会重新启用，而且重新任命了新的一批白宫科学和技术顾问。同时，奥巴马还将布什曾经指责和轻视的"气候变化研究和基因研究"作为科学重点项目。奥巴马公开表示："今天，科学对一个星球的生存和一个国家的安全与繁荣所起的作用比以往任何时期都重要。我们现在应该将科学重新列入工作重

---

① http：//www. ynradio. com/index/2012 - 06/25/cms56165article. shtml

点，应该致力于恢复美国在科技领域的世界领先地位。"① 奥巴马还指出，倡导科学的真正用意是为了确保事实和证据永远不会因政治或意识形态而被扭曲或掩盖。②

奥巴马当选总统后，成立了美国总统科技顾问委员会，该委员会成员作为最接近政府核心的科学家，将对美国科学发展政策提出专业的、科学的意见。同时奥巴马任命首位国家首席技术官，其职责是把技术用于政府改革，提高政府效率，推动政府服务的现代化，促进创新和经济发展。他先后提名多位科学家担任内阁成员和官员，除了霍尔德伦外，他任命埃里克兰德和哈罗德瓦默斯担任科技顾问委员会的联合主席，任命世界著名的环境专家和海洋生物学家卢布琴科掌管国家海洋和大气管理局，任命诺贝尔物理学奖得主朱棣文出任能源部部长。科学政治家们不遗余力地进行科学传播，促进了科学政治权力的发展。

美国作为科学技术强国，两党执政对于科学的控制管理和认识方式各不相同，但是其背后的政治深意是相同的。科学成为当局关键时期利益统治下的重要战利品。任何一个科技动向都会引发各个利益集团和公众的强烈关注。政府的任何一项科技政策的发布和做法，都预示着政府与科学界的关系与情感变化。美国政府与科学界的关系千变万化，不仅仅因为傲人的科学技术让美国称霸世界领导地位，更重要的是科技拉动美国的经济。但是当科技的权力超越政治诉求时，美国政府又会担心科学会阻碍利益，科学在政府控制的范畴内夹缝生存。科学的传播与控制始终是国家统治阶层思考的矛盾体。

从本质上看，执政者对科学的争议始终是以科技与政治的价值是否统一作为衡量标准。如果科学与政治的价值合一，或者没有明显的背离或冲

---

① http：//www.cetin.net.cn/cetin2/servlet/cetin/action/HtmlDocumentAction；jsessionid = E-0C915217DDBDFCCAAF7D4361159E110？baseid = 1&docno = 367748

② 同上.

突，基本上执政者对科学会保持开放的姿态，鼓励科学的发展；但是当科学界提出了与执政者相反的观点，与执政者的政治价值背离时，科学界难免会被统治者压制和控制。科学与政治的微妙关系是一个长久以来值得探讨的课题。

6.3 科学社交的数据边界与数据控制

6.3.1 科学社交的数据边界

互联网时代，科学数据的集成和社交连接已经打通了各个领域的边界。数据无边界的科学社会理念，将科学与社会形成了有机的整体。各大商业数据公司通过对社交数据的收集、分析、可视化，为人们的生活、工作、消费乃至对于国家的公共决策和公共安全都提供了有益的帮助。越来越多的企业家开始投资于社交数据研究。甚至在各大高等院校，也设置大数据专业，开设相关的课程，如加利福尼亚大学伯克利分校支持本科生使用复杂数据图形，进行可视化技术的培训，并召集跨学科的研究人员来确定大数据如何能改变教与学，为国家培养"大数据科学家"。美国在大数据方面走在世界前列，美国国防部通过数据进行决策，并且每年投资2.5亿美元左右，加速大数据创新，用于开发分析半结构化和巨大容量的数据计算方法和软件工具。这不仅仅是为了保证国家科技领先的地位，更重要的是，人们认识到，大数据连接了世界的一切，数据无边界的时代已经到来。

所谓的数据，是指对客观事件进行记录并可以鉴别的符号，是对客观事物的性质、状态以及相互关系等进行记载的物理符号或这些物理符号的组合。当数据以有望揭示现象某种特征的方式结合在一起时就成了信息。当信息对有关某种现象的非琐碎的、真实的主张提供支持时，信息就生成了知识。① "数据"的便利与精准，已经改变了以往人们对科学源的认识，也加速了科学在全球范围内的传播与社会变革。万尼瓦尔·布什在1945年的 "As We May Think" 学术论文中就已经提到了数据在科学中的重要地位，他指出："这些就是有关与计算的想法以及数据的录入。现在我们看起来比以前更糟糕——因为我们可以大规模地扩展我们的记录，而当前的最大问题是我们很难让他们都得到查询。这与仅从科学研究目的出发提取数据相比可是一个极为浩大的工程；它涉及人类对其所获取的知识进行传承，并从中得到效益的整个过程。"② 科学社交数据的涌现及繁荣发展，降低并削弱了传统科研院所的 "知识" 机构的霸权地位。社交数据已经和政府、产业和文化组织，以及更广泛的社会团体之间有了密切和深层的接触。人们的科学价值观念以及科学生产应用发生了根本变化。未来社会，数据产业的增长，不仅带来了数据工人的增加和数据生产场所的涌现，而且还往往侵蚀了传统科学与其他机构之间的界限，如大学、研究所和其他组织的分界线。大数据的信息和通信技术将各个领域的边界融合，导致了空间、时间和距离全球化重叠。科学与社会在数据的连接中，边界越来越模糊和富有弹性，也加速了去除边界、去中心化的可能。所有传统的时空感和领域的边界都被今天大数据的革命，进行了重新的整合。社交数据的技术，削弱了大众媒体、语音和数据传输之间的分界，也削弱了国家和机构的边界，破坏了业已形成的社会等级制度，削弱了领域的分界。美国国家卫生研究院已经进行了 "千人基因变异的集合数据" 项目，这些数据由亚马逊网站免费云服务提供相关支持。这些数据集合可以免费向公众开放。而且美国地质勘探局建立了地理系统科学的大数据，这些大数据帮助科学家建立新的科学思维。

---

① ［英］英国皇家学会. 科学：开放的事业［M］. 何巍，等译. 上海：上海交通大学出版社，2015：3.

② Vannevar Bush：As We May Think［J］. The Atlantic Monthly，1945，Vol. 176，No1.

社交数据科学技术的成功运用，"已经打通了日常生活、企业决策和国家治理的边界，带来惊人的经济和社会效益。哈佛大学定量社会学研究所主任盖瑞·金，以'一场革命'来形容大数据技术给学术、商业和政府管理带来的变化"。① 在大数据技术时代，数据无中心，数据无边界。

6.3.2　数据控制

现在的科学已经演化为数据科学，一串串的数据技术，不仅能够揭示社会的本质，而且还能快捷有效地给社会定位。如今的科学社会，已经更加精准地由数据来演绎，其背后核心是技术性、商业性。社交型的数据型知识，跨越了各个领域的准则与壁垒。掌握了科学的社交数据，也就掌握了核心资源。有效地控制社交数据，有利于更便捷地控制社会风险。

数据并非是无限制的，维护科学社交的数据界线是非常必要的，以此可以保护商业价值、隐私和安全。就当前社会和科学之间的复杂关系，演变为参数整合，形成了集群影响力，激发了科学新的观点、概念、方法、产品和工具。科学通过数据产生新的信息和技术，进一步推动全球化的进程。社交数据将科学知识的来源进行了重塑，改变了科学的生产系统，使其方式变得灵活、随机、精简。数据作为科学和社会之间创新的核心，使得电子社会和工业社会交叠在一起。

社交数据技术被认为是一种颠覆，不但颠覆了传统时代的科学环境，而且也颠覆了社会结构。现在一些国际机构对获取科学社交数据的界线进行了限制。美国出于安全的考虑，已经试图限制出口在其他经合组织国家普遍使用的包含加密能力的软件。这些流程限制性极强。② 现在美国政府已经发出倡议要进行"大数据研究"，投资进行大数据的收集、分析工作，

---

① http://blog.sina.com.cn/s/blog_ 4a348da30102en8d.html
② ［英］英国皇家学会. 科学：开放的事业［M］. 何巍，等译. 上海：上海交通大学出版社，2015：13.

从大量的、复杂的数据集合中获取科学知识。大数据时代下，掌握收集、存储、管理、分析和分享大量数据是科学的核心。美国机构借助可视化、大量的多样化数据，从中进行分析和管理，集中提取有用信息的核心科学技术。大数据的研究对于细胞、电生理学、化学、行为学、流行病学、临床和其他领域的科学开辟具有一定的指导意义，例如通过大数据来研究蛋白质结构和生物通路。大数据不仅开发了更多的社会资源，也控制了社会。谁拥有更多的数据信息，谁就能轻而易举地控制信息资源。为此，各个国家大力开发科学大数据项目，并将其作为战略目标。

2011年，美国总统科技顾问委员会组建"大数据高级指导小组"，并把大数据技术革命提高到国家战略层面。如今，美国已经利用科学大数据技术布阵于多个联邦部门和机构。大数据科学带来的不仅仅是科学领域的突破，更是一种深层次的经济、政治、安全、文化等多边领域社会资源的一种控制和掌握。

第7章

中国现当代科学社交传播个案及问题研究

中国的科学社交在不同时期也呈现出一定的时代特色。从中华人民共和国成立前夕到现在，钱学森、李四光、竺可桢、罗沛霖、李政道、路甬祥等一大批科学家们与国家政界、艺术界、文化界及国际各个领域，都有着深入的交往并保持了良好的社会关系。这些科学家提出科学意见，不仅得到了党和国家领导人的大力支持，而且也为科学与各领域的合作开展提出了创新思想。从不同时代科学家的社交轨迹来看，他们利用节日问候、宴会、主题会议、座谈、书信材料报告、私人约见、中南海讲课、工作报告等机会主动与国家领导人和各界进行深入交往，传播科学知识和科学思想。同时国家领导及各界人士也会主动与科学家们交朋友，虚心听取他们的科学建议。

不仅如此，21 世纪数字化的时代，中国科学共同体还利用互联网与公众积极展开社交，"果壳网"科学社交网站的建立成为新时代下的典型个案。

7.1　钱学森的科学军事社交

钱学森（1911. 12. 11 – 2009. 10. 31）是我国著名的航天之父和导弹之父，钱学森被誉为"战略科学家"和"百科全书式的科学家"，不仅如此，钱学森还是一位重要的军事活动家，无论在国际还是国内军界都有着很高的声誉。

7.1.1 钱学森参与美国军事研究

钱学森在美国留学期间，美国正在大力进行火箭发射、原子弹和氢弹的研究。导弹成为美国政府重点研制的新式武器。当时，钱学森正师从加州理工学院的冯·卡门。为了能够追赶德国的火箭技术，美国五角大楼已经把发展火箭技术列为重中之重，美国陆军参谋长马歇尔给冯·卡门的火箭俱乐部拨款300万美元以致力于兴建"喷气推进实验室"。钱学森成为该实验室开发火箭研究组的重要负责人，并且为美国的军事武器进行改造设计。

不仅如此，钱学森作为教员，为美国军部撰写军事教材《喷气推进》，并给当时的现役空军和海军高级军官授课，为他们讲解军事武器的科学原理。钱学森撰写的《喷气推进》这部教材是美国第一部有关导弹研究的著作，并成为美国著名的军事武器研究范本。

钱学森在当时已经是有着相当造诣的科学家。美国军事尖端科技人才匮乏，迫于扩军备战的紧急需要，钱学森于1942年12月1日，获得了美国宪兵总司令部人事安全主管干巴陀上校颁发的安全许可证，正式被批准加入美国国防部高级军事机密的研究工作中，进行美国导弹武器的研发。

1944年12月，钱学森成为美国国防部科学咨询团成员，进入了美国最重要的军事领导核心——五角大楼。不久，钱学森被美国国防部授予上校军衔，并被派往德国的火箭基地进行考察。调研回来后，美国科技咨询团编写了《向新的高度迈进》的展望报告，其中九卷中的五卷都是由钱学森执笔，在美国科学界产生了巨大反响。

金贝尔先生是美国海军次长，即美国海军副部长。他与钱学森是多年的朋友，彼此之间有过深入的合作，他对钱学森赋予高度评价。钱学森的学生郑哲敏曾回忆说："金贝尔与钱学森曾是很好的朋友。早年，钱学森参加的'火箭俱乐部'与美国军方有过合作，创办了一家公司。钱学森是技术顾问，金贝尔是公司的管理人员，负责经营。他们很早就认识。如今，这家公司已成为全球规模最大的火箭与推进剂制造企业——通用航空喷气公司。"①

杜布里奇兼任白宫科学咨询委员会主席，他跟白宫关系密切，曾任杜鲁门与尼克松两任总统的科学顾问。杜布里奇高度重视钱学森，力邀他担任美国知名大学的火箭研究中心主任，都被婉拒。钱学森在回国前夕，杜布里奇多次挽留。他称赞钱学森："钱，是一位如此非凡的人。"②

7.1.2　钱学森受到中国国防部领导热情接见

钱学森曾经指出："中国真正的进步，不仅需要科学人才，也需要政治权利的革命。"③ 钱学森归国之后，受到了毛泽东主席、周恩来总理、聂荣臻元帅的热情接见。"周恩来总理就曾嘱咐过聂荣臻元帅：'要好好待钱学森，科学家是我们国家的精华，他是科学家的一个代表。'周恩来从中国政府的角度高度重视钱学森。毛主席也钦佩地对钱学森说，'听说美国人把你当成五个师呢！我看呀，对于我们来说，你比五个师的力量大得多'。"④

不久，钱学森受到了国防部陈赓大将的热情接待。陈赓在三座门军队高干俱乐部宴请钱学森，并向钱学森请教国防部准备研发导弹的相关事宜。钱学森在晚年回忆往事时说："我回国搞导弹，第一个跟我说这事的就是陈赓大将。"⑤ 不久，中国国防部正式邀请钱学森讲课。1956年1月，

① 叶永烈. 钱学森传 [M]. 北京：中国青年出版社，2015：126 - 129.
② http://www.changhai.org/articles/translation/misc/QianXueSen.php
③ 奚启新. 钱学森传 [M]. 北京：人民出版社，2011：45 - 46.
④ 叶永烈. 钱学森传 [M]. 北京：中国青年出版社，2015：3.
⑤ 钱学森. 周总理让我搞导弹：讲稿 [M] // 黄宗煊. 钱学森——中国爱国知识分子的典范 [M]. 上海：上海交通大学出版社，2011.

在陈赓大将的安排下，钱学森为国防部的高级将领如贺龙、陈毅、叶剑英、聂荣臻元帅等军事领导干部连续讲了三场军事武器科学理论。国防部的各级将领对军事导弹的研发都产生了浓厚的兴趣，反响强烈。

1956 年 2 月，钱学森参加了毛主席举办的宴会，并被列席在毛泽东身边第一贵宾的位置。毛泽东对钱学森说："我现在正在研究你的工程控制论，用来指挥我们国家的经济建设。"① 此后，毛泽东主席多次接见钱学森，向钱学森请教科学问题，并在国家国务会议上提出："我国人民应该有一个远大的规划，要在几十年内，努力改变我国在经济和科学文化上的落后状况，迅速达到世界的先进水平。"②

7.2　罗沛霖的红色科学社交

罗沛霖（1913.12.30 – 2011.4.17），是我国著名的电子学家、中国科学院院士、中国工程院院士。他是我国电子产业的创始人，在他的推动下，我国成立了中国工程学院。他被称作"战士、博士、院士"的三士科学家。罗沛霖有着"红色科学家"的美誉，他为党和国家的科学活动做出了卓越的贡献。

7.2.1　罗沛霖的科学社交统战工作

1937 年 12 月，南京国民政府沦陷。刚满 25 岁的罗沛霖，在民族危亡之际，毅然奔赴圣地延安，投奔共产党。罗沛霖回忆说："我对共产党取得政权寄予了很大希望，我想，谁能打回北平，我就跟着谁走，所以我也

---

① 叶永烈. 钱学森传［M］. 北京：中国青年出版社，2015：184 – 186.
② 奚启新. 钱学森传［M］. 北京：人民出版社，2011：244 – 245.

打算奔赴延安。"① 在延安,罗沛霖化名"罗思容",进入中央军委第三局,主持通信技术和生产工作。随后罗沛霖辗转到重庆,在董必武的带领下开展党的地下工作。为了方便工作,党决定让罗沛霖作为党外的布尔什维克,结交各界朋友,积极展开科学合作。罗沛霖与爱国民主人士章乃器有着深入交往,利用电子专业与之成为商业合作伙伴,致力于电子生产事业,开办工业企业、公司,为党赚取经费。

1939 年,罗沛霖根据周恩来、董必武的指示,筹建与发展青年科学技术人员协会,秘密培养思想进步的科技人员,为解放区储备人才。在重庆,罗沛霖不仅在周恩来的领导下工作,而且还在红岩村受到毛泽东的接见。毛泽东嘱托他要向知识分子介绍延安,团结好知识分子,要与科技人员、工人密切联系合作。② 后来该协会在罗沛霖的发展下团结了近百名科技知识分子。

1947 年,应刘少奇的指示,35 岁的罗沛霖带着党的嘱托赴美留学攻读博士,同时积极开展国外科学知识分子的统战工作,争取留美中国学生、学者、教授回国的工作,特别是做钱学森的思想工作。罗沛霖感慨万分:"中共党组织孙友余来找我,让我想办法去美国学习,因为共产党看到解放战争胜利在即,而即将开始的社会建设需要人才。当时孙友余搞地下工作,我就是通过他与党组织取得联系的。那时候党组织派了几个人出国,像我这样由中共党组织资助出国的,我不知道具体有多少人。"③ 在加州理工学院,罗沛霖与钱学森的学生郑哲敏住在同一套公寓里。1948年,在罗沛霖带动下,成立了加州理工学院"留美科技人员协会"。④ 罗

---

① 侯祥麟,罗沛霖等口述.1950 年代归国留美科学家的访谈录 [M]. 王德禄等访问,整理,长沙:湖南教育出版社,2013:20.
② 刘九如,唐静.罗沛霖传 [M]. 北京:高等教育出版社,2013:87.
③ 侯祥麟,罗沛霖等口述.1950 年代归国留美科学家的访谈录 [M]. 王德禄等访问,整理,长沙:湖南教育出版社,2013:25.
④ 叶永烈.钱学森传 [M]. 北京:中国青年出版社,2015:115–116.

沛霖谈起这段往事时说："当时我与国内党组织有联系，我想，既然我在洛杉矶，就有责任替党组织做一些事情，后来，我在加州理工学院创办了留美科协的分会。"①

7.2.2　罗沛霖上书党中央建立"中国工程院"

新中国成立后，罗沛霖发起了建立中国工程院的倡议，并亲自执笔向党中央提出想法。罗沛霖在1978年就开始考虑中国要不要设置工程院的问题。1986年，罗沛霖倡议并起草了《关于加强对第一线工程技术界的重视的意见》，联合茅以升、钱三强、徐驰、侯祥麟等80余人，向全国政协提出了这一议案。

1992年，中国工程院建立的倡议又被提上日程。大家一致公推罗沛霖执笔，罗沛霖亲自起草了关于成立中国工程院的报告《早日建立中国工程与技术科学院的建议》，经过了长时间的考虑和反复的思忖，罗沛霖终于下笔写道："鉴于我国还是发展中国家，工程技术和技术科学的发展很不够，产业技术水平还很差，从落实'科学技术是第一生产力'出发，贯彻'服从于经济'、'服务于经济'的方针，我们建议从速建立中国的工程与技术科学院，以促进社会主义现代化建设。"② 报告经由张光斗、王大珩、师昌绪、张维、侯祥麟联合署名呈递给江泽民同志。

江泽民同志于1992年5月11日做了批阅："家宝同志：此事已提过不少次，看来要与各方面交换意见研究决策，请酌。"③ 12日，温家宝同志接到批示后在《综合与摘报》上批示："宋健、罗干、光召同志，此事可

---

① 侯祥麟，罗沛霖等口述.1950年代归国留美科学家的访谈录［M］.王德禄等访问，整理，长沙：湖南教育出版社，2013：27.

② 罗沛霖.罗沛霖文集［M］.北京：电子工业出版社，2003：32.

③ 刘九如，唐静.罗沛霖传［M］.北京：高等教育出版社，2013：187.

否请中科院牵头，商有关方面提出意见，请酌。"①

在各级领导都做了批示后，建立工程院一事，便正式由中科院接手。1993 年 11 月，李鹏在政府工作报告中，正式宣布成立中国工程院筹备小组。② 就这样，从罗沛霖 1982 年第一次提出建立中国工程院的建议开始，历经十年，这一建议终于得以通过。罗沛霖、王大珩、张光斗、师昌绪、张维、侯祥麟等三十位科学家成为首批中国工程院院士，中国工程院的成立是罗沛霖晚年筹划的一件大事，他为之坚持努力了十几年，这也成了他晚年最为欣慰的一件事情。

7.2.3　罗沛霖推动科学传播：电子应与文化产业结合

罗沛霖的科学思想受到了文化领域的启迪，他已经早先预见电子信息文化产业时代的来临。他极力地推动科学与文化产业的传播工作。

1990 年 3 月，罗沛霖为《中国电子报》撰写《前景广阔的电子文化信息系统》一文，明确提出"需要把电子和文化运作紧密地联系起来"的观点。1991 年，他又在《中国科技论坛》中，阐释了跨入 21 世纪的先进文化信息技术系统的前景概念，同时指出文化信息产业是一次重要的技术革命。

1993 年，罗沛霖为《经济与信息》杂志写了《跨三个世纪的文化产业革命》一文，他在文章中指出："自古以来文化产出的发展速度，超过物质产出发展速度，但直至现在，在整个社会产出中，文化产出还是较少的一半。然而，在电子信息技术的高速发展的推动下，文化产出在以更高的速度发展。尽管物质产出永远是基本的和第一位的，文化产出的规模早晚要超过物质产出，文化产业将成为经济发展的主要牵引力。"③ 1996 年 5

---

①　刘九如，唐静.罗沛霖传 [M].北京：高等教育出版社，2013：187.
②　中国科学院编.江泽民与中国科学院 [M].北京：科学出版社，2012：108-109.
③　刘九如，唐静.罗沛霖传 [M].北京：高等教育出版社，2013：192-193.

月《光明日报》为此特地做了专访报道。

罗沛霖给报刊写文章，大力向公众传播文化信息产业思想：例如各种文艺节目、旅游节目可以现场直播，信息库存储下来随时调用，不受节目表、频道和时间的限制；电子可以渗透到教育、图书馆、资料馆、交通、人们的日常生活当中；公众可以足不出户，享用着文化运作领域的新产业革命；文化领域的信息化将是经济发展的牵引力等等。

不仅如此，罗沛霖非常注重向世人传播中国的科学文化，鼓励中国的原创发明，为了向世人介绍东西方知识分子对世界变迁的观念和智慧，罗沛霖为此成立了科技公司，并拿出几万元入股。罗沛霖创造性地将科学与文化结合起来，作为表率推动了国家的科学信息文化产业。

7.3　李政道与政界伟人、艺术名流的科学社交

李政道（1926. 11. 25 - ）是著名的美籍华裔物理学家，诺贝尔物理学奖获得者。他不仅在科学界卓有成就，同时还与政治伟人、艺术名流积极社交，不仅建设性地提出了一些科学创新发展的建议，同时也开拓了科学与艺术之间的合作。他的社交成就成为学界的典范。

7.3.1　向毛主席、周总理提出科学建议

李政道1972年到中国访问，当时中国正处在"文革"时期，很多科学期刊停刊了。1972年10月14日，周恩来总理在人民大会堂西厅热情接见了李政道夫妇。在与周恩来的交谈中，李政道向周总理介绍了美国的科研和高等教育的现状，并提出中国的科研部门和高校需要同国外交换科技信息，他说，"交流是发展科学的重要方面，特别是高能物理的研究花钱很多，通过交流获取国外信息十分重要。"周恩来说："科学杂志要逐步恢

复，要把交换科技资料的工作恢复起来……我们一定要把研究工作活跃起来。"① 李政道与周总理这次的深入交流，使陷于停顿的中外科技资料交流工作重新恢复。

李政道连夜赶写给中国领导人的建议书，指出："祖国应从现在起就重视基础科学研究和基础科学人才的培养；要培养建立一支少而精的基础科学队伍；如果现在不抓基础科学的建设，十年以后将出现严重后果甚至是危险。"② 1974 年 5 月 30 日，毛泽东主席在书房会见了李政道。毛泽东明确表示赞同他提出来的关于加强基础科学建设和加快基础科学人才培养的建议。李政道向毛泽东讲解了物理学上的对称概念和科学内涵，毛泽东赞赏李政道的演示和解释。毛泽东说，在青年时代他很喜欢阅读科学书籍，他至今还记得曾多次看过 J. R. 汤姆逊的一些科学著作。③ 随后，毛泽东将 J. R. 汤姆逊的《科学大纲》的原版书，赠送给了李政道作为礼物当作留念。毛泽东接受了李政道的建议，做出最高指示，从少年中选拔培养基础科学人才的建议要落实。1978 年中国科技大学开设了"少年班"，正是贯彻落实了李政道的建议。

7.3.2 邓小平采纳其博士后、自然科学基金会制度的设想

1997 年，邓小平辞世。李政道在邓小平的吊唁函中这样写道："近二十年来，我与邓小平先生交往颇多，多次聆听他的教诲，深感他热爱科学，极为关心和支持祖国科学事业发展。在我为祖国所做的促进科学和科学人才培养事业的几项工作中，如北京正负电子对撞机的建造，CUSPEA 留美物理研究生培养人才计划的提出和实施，'博士后'流动站制度的建立，中国自然科学基金制度的建立和完善，都曾得到邓小平先生的关怀和

① 施宝华. 邓小平的科学家朋友——李政道 [M]. 北京：作家出版社，2014：62 – 65.

② 同上，72 – 77.

③ 同上，79 – 85.

支持。他的诚挚、坦率和机敏、果断给我留下了极深的印象。"①

　　1984年5月21日，李政道夫妇在人民大会堂安徽厅受到了邓小平等党和国家领导人的亲切接见。李政道向邓小平建议，中国的"博士后"应该是流动的，研究单位可以通过流动站选拔人才，造成竞争，使人才在竞争中成长。现在先建十个站做试点，以后可以推广，根据需要逐步拓展。邓小平在听完李政道的建议后说："这是一个新的方法，成百成千的流动站称为制度，是培养实用科技人才的制度。建议有关部门明天就批两千万元。"② 邓小平同李政道会见后，国家立刻投入"博士后"试点建站工作，拨款2000万元人民币迅速到位，同时成立了"全国博士后管理协调委员会"，李政道被聘为委员会顾问。

　　为了合理使用项目经费，使其发挥最大效益，1984年年底，李政道特地拜访时任中国国际信托投资公司总经理荣毅仁先生，向他讨教可否把政府所拨得款项投资到信托投资公司，以使其增值。荣毅仁听了李政道讲述的情况和建议后极为感动，便对李政道说："你这样做是为了给祖国培养人才，我们作为中国人更应该尽力帮助……"③ 于是，博士后项目经费在李政道的建议下，每年按一定的比例增值。

　　虽然有国家拨款，但是科学项目经费还是有限的。因此，李政道又向邓小平建议设立"中国博士后科学基金会"，并且把这部分资助金存入银行，每一名博士后的资助金大概需两万元人民币，如果按当时年息10%计算，有20万元本金存入银行，就可每年获得2万元利息，可以资助一名博士后，并鼓励凡提供20万元资金的个人和单位，出资者可以对这个份额基金进行命名。④ 邓小平认为这种发动社会支持、参与科技事业建设的方

① 施宝华. 邓小平的科学家朋友——李政道［M］. 北京：作家出版社，2014，90.
② 同上，138－139.
③ 同上，139.
④ 同上，139－140.

法很好，同意了李政道的建议。

改革开放以后，科学研究的费用还是远远不能满足科学发展的需要。李政道认为，科学基金制度办好，有利于旅美学子回来参加祖国的科学事业，基金实施范围应扩大，面向全国的科学工作者。1985 年，李政道给邓小平等中央领导写信，提出中国应该建立自然科学基金，并成立国家自然科学基金委员会。邓小平随后接见了李政道说："我看了你的信，你的设想都很好嘛！"① 1986 年 2 月，中国国家自然科学基金委员会正式成立。

7.3.3　李政道与艺术家的交往：科学与艺术的结合

李政道与艺术名流也有着深入的社会交往，他不仅向艺术界传播科学思想，而且还创造性地将科学与艺术结合，成为科学与艺术之间的红娘，开创了"科学艺术品"。

李政道经常主持召开科学论坛，论坛需要画会标或海报，为了突出主题，李政道邀请国内著名画家来合作。吴作人、吴冠中、黄胄、常沙娜、张汀、华君武、袁运甫等画坛名流都相继受邀参加合作。李政道出创意，阐述画作需要表达的科学意涵，画家执笔创作，形成了"科学画"的新领域。李政道又把科学画向其他艺术品种扩展。各种工艺美术、苏州刺绣都成了科学艺术集合的对象。他和苏州刺绣研究所所长张美方合作的《问君家何处？来自混沌初》，用苏绣表达了重粒子对撞瞬间的景象，获得较大成功。②

1988 年 5 月，李政道向吴作人介绍了负电荷与正电荷的对偶结果，吴作人在李政道的启发下，创作了科学主题画《无尽无极》。李政道说："这幅画的创作成功再次证明，科学家和艺术家是能够很好地相互沟通、理解

---

① 施宝华. 邓小平的科学家朋友——李政道 [M]. 北京：作家出版社，2014，144 - 148.
② 同上，253 - 254.

的。艺术家一旦了解了科学，就可以形象艺术地表达科学内容，这种表达有时比科学家表达得更生动，更容易被人们接受，有时可以给科学家以新的启迪。"① 画坛大师吴冠中在有关"科学与艺术"主题画的会议上也表示："我年轻时上浙大也是学自然科学的，后来才走上从事艺术的道路，可是，我一直以为，科学和艺术是不搭界的，现在科学与艺术之间已经架起了桥梁，我们就可以同科学家合作，携手开辟科学与艺术结合的新天地。"② 科学家朱光亚、甘子钊，画家华君武、袁运甫、刘巨德都出席了这次会议。

7.4　路甬祥的科学思想库社交

路甬祥（1942.4 - ）是我国著名的两院院士，在担任中国科学院院长期间，积极推动了中俄两国的科技合作，并且提出了国家科学知识创新工程试点工作，成为"国家科学领导教育小组成员"，而且将科学思想库引入院士咨询制度。

7.4.1　知识创新工程得到江泽民的支持

1995 年，江泽民同志提出科教兴国战略，1998 年 11 月，在访问俄罗斯科学城西伯利亚市的过程中，他特地将陪同访问的中国科学院院长路甬祥郑重地介绍给俄罗斯科技界，希望中俄科技界加强合作，共同发展。此后，在路甬祥的直接推动下，中俄科技合作迅速发展，并成为"中国—俄罗斯国家年"系列活动的重要组成部分。③ 中俄之间长期以来的友谊与合

①　施宝华. 邓小平的科学家朋友——李政道［M］. 北京：作家出版社，2014，259 - 260.
②　同上，254 - 255.
③　中国科学院编. 江泽民与中国科学院［M］. 北京：科学出版社，2012：23.

作,在新时代、新的历史时期有了新的发展。

1998 年,路甬祥着手进行知识创新工程设点建设工作。江泽民同志给予批示:"家宝同志:知识经济、创新意识对于我们二十一世纪的发展至关重要……科学院提了一些设想,又有一支队伍,我认为可以支持他们搞些试点,先走一步。真正搞出我们自己的创新体系,是否请你同路甬祥同志先谈一次。"①

不久,江泽民在中国科学院北京天文台视察工作时,路甬祥被邀请与其面谈,路甬祥把中国科学院知识创新工程试点情况比较详细地做了汇报,路甬祥谈到我国科技发展当前仍然不够具有显示度,要在新的历史时期提出重大问题,提出新时期的"两弹一星"。关于重点支持中国科学院知识创新工程试点并增加经费问题,江泽民同志说,科技发展要有重点,中国科学院是发展的重点。他说自己平时对具体问题只发表定性意见,但对科学院的支持,发表的是强定性的意见。他强调,对知识创新工程试点,现在不是再议论的问题,而是执行的问题。② 1999 年,路甬祥在工作报告中指出,知识创新工程试点将全面展开,并就此提出了五大目标。

1998 年 6 月 9 日,路甬祥成为国家科技教育领导小组的重要成员,帮助国家制定相关科技政策,提出国家科技改革的各项举措和建议,为开展知识创新工程建设做出了重要贡献。

7.4.2 倡导科学思想库社交

1994 年,中国科学院建立中国科学院院士咨询制度及其院士咨询的程序与规则,其目的是更有效地发挥院士的咨询作用和提高院士咨询建议的质量。1997 年,路甬祥把建设国家科学思想库引入院士咨询工作,从而对

---

① 中国科学院编. 江泽民与中国科学院 [M]. 北京:科学出版社,2012:30.
② 同上,37-38.

中国科学院院士咨询工作提出了新的要求与功能定位。总体讲，院士咨询主要包括三种形式：一是院士个人的主动建议；二是由学部组织的主动咨询与建议；三是组织院士完成国家（或各级政府部门）委托的重大咨询项目。① 院士凭借其特殊的学术声誉与知识优势，为国家科技提出咨询建议引起国家有关部门的重视。

路甬祥说："我们应该在弘扬科学精神、普及科学方法、传播科学知识、传承学风道德、促进科学文明中发挥带头作用。应该不断加强战略研究，自觉关注、前瞻思考经济社会发展、科技创新、人才培养、生态环境保护、国家和公共安全等重大问题，主动及时提出科学咨询建议，支持科学、民主决策，充分发挥科学思想库作用。"②

党和政府高度重视专家学者在国家重大决策中的咨询作用，中共中央政治局和国务院分别以集体学习、专家学者座谈会的形式，和各界专家学者建立了良好的科学传播机制。基于这一科学传播机制，中国科学院的专家们纷纷走进了中南海，例如中国科学院院长白春礼院士、原中国科学院副秘书长王恩哥院士、中国科学院国情研究中心主任胡鞍钢研究员、中国科学院科技政策与管理研究所牛文元研究员等，都曾通过这一途径为国家的战略部署和科学决策贡献力量。③ 中科院在路甬祥的科学思想库的定位下，在国家的重大科学决策方面发挥了重要作用。

---

① 中国科学院编．江泽民与中国科学院［M］．北京：科学出版社，2012：111 – 112.
② 路甬祥．感谢·感悟·祝愿：路甬祥在干部大会上的讲话，中国科学院大学技术大学网 http：//news．sciencenet．cn/htmlnews/2011/3/244664．shtm？id = 244664
③ 中国科学院编．江泽民与中国科学院［M］．北京：科学出版社，2012：174 – 175.

7.5　果壳网的科学生活公共社交

果壳网是国内的一家科学社交网站，该网站成立于 2010 年，他的创始人姬十三是一位神经学博士，他创建果壳网的宗旨是致力于科学的公共社交，让科学与生活交融，变得有意思。在这里，科学以通俗易懂、极富趣味的语言通过视频、声音、经验分享等各个维度传播给公众。在此基础上，果壳网设立了一对一的科学公共服务，科学共同体一对一解答公众的科学困惑。果壳网还建立了果壳小组，一大批青年科学达人、科学梦想家、科学创业家社交于此，分不同的兴趣小组与科学共同体互相探讨着科学有趣的话题，互相分享和交流科学新的思想理念。科学与生活已经在这里紧密相连，科学变得好玩、有趣，科学和娱乐、消费、文化、商业融合到了一起，形成了科学生活社交的集市。

7.5.1　科学公共娱乐消费

果壳网设有"谣言粉碎机""科学主题商店""学术八卦"等几个有趣的娱乐消费生活板块。在这几个版块中，公众可以甄别科学生活中的谣言，买卖科学消费商品，在轻松娱乐的生活中感受到科学的智趣。

"谣言粉碎机"是果壳网最火热的公共娱乐社交区域，该社区是涵盖数学、物理、化学、电子、生物等学科，由博士、博士后、海归背景的国内外科学共同体共同开辟的领地。他们以热爱科学、追求证据、探索真相、破除迷信的宗旨，粉碎了一个又一个混淆是非、耸人听闻的科学谣言。例如"转基因蚊子与寨卡疫情：一个站不住脚的阴谋论""芈月的七叶一枝花能解杀人蜂的毒吗？""拔牙丢记忆？这是误读"

"地球素颜照，能真实展现地球样貌吗?"等言论，通过国内外的科学专家提供翔实的科学证据，搜集数据资料一一破除谣言。他们以科学专业的水准，向公众传播科学谣言背后的动机、科学谣言的来源，以及科学谣言的验证结果。

"科学主题商店"是果壳网开发的非常有趣的娱乐社交商店。各种有意思的科学商品陈列在内，公众可以在网上随时进行购买。这里的科学商品有科学饰品、量子积木、科学T恤衫、动物小徽章、自然活物、物种日历、科学自然画、自然主题书籍等等。其中在科学饰品中，一些化学元素的结构形态、数学符号被用来制作成饰品的外观，比如苯的锁骨链、线粒体手链、无限的戒指、薛定谔的猫耳钉等等。量子积木是自然主题的拼装积木，这些积木在不断地叠加后，从多个视觉观察会坍缩成可爱的动物形态，如企鹅、北极熊、金丝猴等。科学主题商店用好玩的消费品把科学表现出来，公众在娱乐生活体验中感受科学的奥秘。

"学术八卦"是一个科学娱乐小组，里面的公众用户将近五千人。在这个社交平台，一些科学趣闻、八卦事件、科学典故等信息在社区里传播。例如，"诺贝尔奖获得者大隅良典的10句话（是真的!）"，"她一边看孩子，一边写程序，一边把阿波罗送上月球……"，"20岁白富美写了一本高数教材，震惊欧洲数学界"，"爱因斯坦的'上帝信件'以300万零100美元成交"等等，大家在谈笑之间将科学的幽默、戏谑和后现代发挥到极点，体会着科学娱乐中的智慧。

7.5.2 科学公共文化

果壳网将科学的公共文化作为社交网站的一大重点来开发，其中"视觉""十五言"板块是科学公共文化社区的典型。在科学文化社交中，公众们创造、畅想、反思，感受科学的文艺时尚魅力，提炼科学文化的精神价值。

"视觉"是以视频、动画、图片集合形成的科学文化社区。在这个公共社交平台，公众可以通过图片看到欧空局和伦敦科学博物馆举办的太空时装秀，领略到设计师将新型材料运用在时尚领域的具有科技范的太空服装；公众还可借助视频看到神经学博士邓恩结合东方绘画技法，借助灯光打造的脑神经元动态流变图，感受到人脑接受信息后的神经变化；公众可以凭借动画、视频看到宇宙中探测器拖走小行星的过程，了解到航空工作的全过程。

"十五言"是一个科学文化主题社区。在这个社交区域内，一些科学作家和科学青年在这里积极投稿、发表科学文章、交流科学作品。例如李子《世界是宇宙的一隅》、苋菜《脑洞直通太平洋》、Vamei Z 的《科技的文艺范儿》、江隐龙的《科幻文学灵魂制造史》……，公众们阅读科学文化作品，同时又在作品的科学思想传播启发下再次创造文化作品，形成了科学文化公共社交的良性循环。

7.5.3　科学公共创业

果壳网把科学与公众创业融合在了一起，建立了"商业科技""在行"科学公共创业社交平台。

"商业科技"是科学共同体利用自己的科学研发技术或产品投入到商业进行创业的社交平台。在这个社交板块中，有很多国内外新科技商业公司的介绍、科技商业产品的案例研究，以及科技创业公司的故事。例如，"科学创业者陈复加和她的'太空婴儿床'"，"最极客范儿的吸尘器"，"了不起的思想机——Watson"，"英特尔终于和安卓在一起了"，在这个社交平台上，公众可以借鉴很多商业案例，共同交流科技投入商业的失败和成功经验，为创业做准备。

"在行"是为公众科技创业或企业科技研发进行指导和融资服务的社交平台。这个平台分为不同的城市和地区,公众或企业可以利用科技产品进行搜索,很方便地去咨询相关领域的行家,从他们那里获得科学研发、商业计划书、融资、团队管理等一系列创业的指导和建议,为自己的科技创业项目进行前期的商业市场定位。例如,搜索"机器人",就会找到相关领域的科研专家,如"波士顿 TNL 机器人公司首席发明家""北京理工大学智能机器人研究所博士后"等科研人员,同时还能搜索到相关领域的商业合作团队经理和资深人士。在这个社交平台上,科技创业前期可以便利地获得相关资源的支持。

7.6 当前中国科学社交存在的问题

7.6.1 局限于同类小圈子的交往

从当前中国科学共同体的思想理念来看,"社交"曾被诟病为不务正业。很多科学界人士与外界的社会交往存在一定的局限性,大部分科技知识分子的生活工作轨迹都封闭于自己同类群体的小圈子中,很少有机会能够走出去参与社会交往。也正因此,科学的创造力和思维方式受到了严重阻碍。

由于长期固守于同类的科学圈子,习惯于传统的思维方式,科学思想缺乏更新和冲击,科学研究方法无法超越自己领域的范畴。科学共同体有着根深蒂固的职业思想,潜意识排斥外来人员的侵入,对于外界进入设立较高的门槛,因此无法做到博采众长。不仅如此,科学研究刻意远离政治、经济的干扰,无法将基础应用转换到社会生产实践当中,与社会生活严重脱节。

当前，大部分科技知识分子，无论是与政治界、经济界、文化界、艺术界和社会大众的交往都是欠缺的，原因一方面是由于科研辛苦，知识分子没有时间和闲暇去社交，另一方面也从主观上反映了科学共同体在融入其他领域时的消极倦怠和不适应。然而，科技知识分子在科学的发展中不仅肩负着国家的科研任务，同时还担任着科学传播的社会领导者的角色。如果无法与社会融合，也将无法引领社会潮流。

7.6.2 缺乏自由流通的社会交往机制

由于科学行政体制的拘囿，中国科技知识分子被职位所限，无法形成自由的社会交往流通机制。中国知识分子的科学社交形式单一，社交渠道有限，社交主题匮乏，难以达成科学与其他领域的合作。另外，国家在科技知识分子社交政策上没有给予相应的扶持和资金资助，往往造成知识分子的科学社交困境。

长期独居进行科学研究的习性，也造成了科技知识分子在交往技巧和交往心理上存在一定的障碍。科学共同体恪守科学与其他领域的边界，无法大胆逾越各领域边界的鸿沟，开拓新的思路。

科学的发展经常需要各方的资源支持。科技知识分子固守自己的圈子，社交资源相对匮乏，尤其在科学的资金、设备、环境、制度和人才的发展上出现问题和矛盾时，往往短时间内束手无策，难以解决，造成科学研究压抑。

因此，科学人员或科学共同体在与社会各界的互动中，如何遵循科学边界交往的传播规律，建立有效的社交传播机制，制定良性互动的科学社交传播政策，是当前中国科学发展的重要任务。科学边界交往传播规律的研究，不仅有助于中国建立有效的科学社交传播政策和科学社交传播机制，使科学共同体便于向社会传播科学的新思想，将科学的成果及时运用到社会各行各业，服务于各个领域；同时又能让科学共同体积极主动地吸纳外界的资源，供给科学内部需求，引导外界一同参与科学研究，进行科学创新，丰富科学的内容，为科学的发展建立良好的社会氛围。

第 8 章

科学社交边界传播模式及中国科学传播建议

随着知识经济和电子科技社会的到来，科学社交边界的传播研究越来越显示其重要性。科学与政治、经济、文化等领域在边界关系上的不断交融与互动，给社会的发展带来了巨大影响。不仅科学要对社会"讲话"，而且社会也应该创造条件对科学做出"回应"。

多学科身份的增加、"贸易区"的出现、复合任务团队的发展，这些都是科学边界传播的结果。异质性知识产业的增长，不仅带来了众多新兴的"知识"机构，如中小规模的高科技公司、管理咨询、智囊团，而且还侵蚀了传统"知识"机构之间的界限，例如大学、研究所和其他组织的分界线。由科学、政治、文化、工业组织起来的当代世界，正处于不稳定、受到侵蚀和社会冲击的状态。要区分国家和市场之间、文化与大众传媒之间、公众与私人之间的领地，变得更加困难。科学自身，也越来越受到各种形式知识生产的挑战，未来社会的"后福特主义"及"后现代"观念逐渐流行。

8.1　科学社交边界线性传播模式

8.1.1　科学社交边界求实效益的线性模式

科学社交的边界线性模式，一直是美国的主流模式。"所谓的边界线性模式是指技术创新来源于科技进步，增加技术创新的唯一可能方式，是增加基础研究，政府只要将钱在一端投入到纯科学，经适当时间在另一端就会得到创新，这种政府资助的研究与经济效益的关系被称为线性模型或管线模型。"① 该模式认为，由基本上自主的科学家进行的基础研究为应用研究提供资源，而应用研究又是达成有益于解决包括政策发展在内的实践问题之结果的源头。② 这种线性模式想要强调的是，基础研究和应用研究之间的关系是科学决策的一个通用模式，是解决科学与政治责任之间问题的一个重要桥梁。线性模式指出，科学在国家决策中起着指导以及顾问的角色。

线性模式之所以被推崇，很重要的原因是，"基础研究"为应用研究带来了重要的效益，成为政府支持科学的重要诉求。随着大多数人对于科学客观性的认知，科学被看成解决国际政治议题仲裁的依据，协调着一些相互冲突的政治立场。科学的线性模式为科学与政治之间的社交边界关系创造了条件。"万尼瓦尔·布什曾经比喻暗示科学与社会其他部分之间边界关系的线性模式：基础研究——应用研究——发展——实际应用——社会效益。该模式假设社会效益出现在知识储备的'下游'。线性储备模式是一个用以解释科学技术与社会需要之间关系的象征性说法，实际上，如

---

① 徐治立. 科技政治空间的张力［M］. 北京：中国社会科学出版社，2006：178.
② ［美］小罗杰·皮尔克. 诚实的代理人：科学在政策与政治中的意义［M］. 李正风，等译. 上海：上海交通大学出版社，2010：76.

何对这一关系进行描述，并对这一关系提出规范性主张，应当作出一些解释。"① 科学社交边界线性模式的核心思想是，"在边界线的两边中，只要政府在这条边界线的一边支持基础研究，在边界线的另一边就会产生促进经济重要的创新。（如图16）科学求实性创新和科学的效益在边界的互动中清晰可见。它也说明了政治委托人向科学代理人提出自身诉求，科学就会自动给予政治求实性与效益性的研究成果。"② 在互动中政治与科学的社交关系也变成了一种边界线性模型。

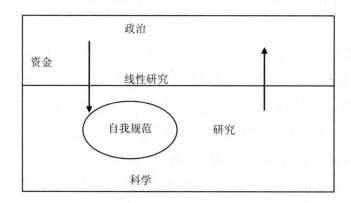

图 16　科学边界线性关系模型③

在当代社会，科学边界的求实与效益影响力过大或过小，都会导致边界不和谐、不稳定。因此，实现边界协商化，增强政治与科学社交边界互动的协调性、稳定性和有机性非常重要。

科学的进步，促成了原子弹、雷达、盘尼西林的成功，使得各国政府认识到科学研究是国家军事、商业和医药事业发展的源泉，并且加大了对

---

① ［美］小罗杰·皮尔克. 诚实的代理人：科学在政策与政治中的意义［M］. 李正风，等译. 上海：上海交通大学出版社，2010：76.
② 徐治立. 科技政治空间的张力［M］. 北京：中国社会科学出版社，2006：178.
③ 同上.

科学效益的关注力度。艾森豪威尔作为总统时，曾任命詹姆斯·基利安为第一位总统科学顾问。在当时，政治家和国家层面的其他领导人已经开始相信，扩大国家的科学资源是一个至关重要的国家目标。因此，对于科学共同体自身研究经费、支持和设备的需求逐渐被提上议事日程。基利安当时任麻省理工学院院长，他把大部分注意力放在了国家安全事务上，尤其是战略兵力规划、空中防御、原子能以及空间的军事利用等方面，并且积极而出色地参与到国防动员办公厅的顾问事务中，① 科学家在政府中的影响力得以延续。当然，科学边界的求实与效益在科学顾问与政府机构、其客户群、各个国会委员会、媒体专家以及公众更广泛的互动中，有效地获得了实现。

线性边界模式利用了科学家与政府的结合，建构了科学秩序和政治秩序的边界关系。有学者认为边界是调节契约张力的工具。科学线性边界模式同时被作为一种转喻的财金活动，确保了求实与效益方式的应用。"科学社会学奠基人贝尔纳早在20世纪30年代就指出，科学被商品化本身就潜藏着求实及效益问题：'目前造成科学工作最大浪费的原因之一，正是把科学当作一种商品看待的观念。'根据成果来付款的办法，这是商业时代必然的后果。"②

8.1.2 戈斯顿委托代理机制

科学线性边界模式最典型的就是戈斯顿的委托代理机制。戈斯顿是美国新泽西州立大学的公共政策方面的教授。2000年，戈斯顿提出了边界线性模式的实际运行方式委托者—代理者理论模型。戈斯顿认为，委托代理

① ［美］布鲁斯·史密斯. 科学顾问——政策过程中的科学家［M］. 温珂，译. 上海：上海交通大学出版社，2010：208，209.
② 徐治立. 科技政治契约张力论——戈斯顿委托者—代理者理论模型分析［J］. 自然辩证法分析，2005（3）：79.

是科学边界设置两种角色的契约：政治作为委托人，科学作为代理人。戈斯顿的委托者—代理者将科学家与政治家在新的边界中建立起合作。这种合作关系在一段时期曾创建了政治与科学间稳定的伙伴关系，保障了研究活动的求实和效益，对于把握政治与科学的契约张力具有一定积极意义。哈贝马斯认为，"政治委托人和拟定科学规划的专家之间，在相互协作情况下进行的转化过程，从大的方面看已经制度化。从管理的层面上看，领导研究和发展的官僚体制以及科学咨询机构已经建立起来，科学咨询机构的职能再一次反映出科学转化为政治实践的独特的辩证关系。美国联邦政府资助着三十五个这类科学机构。在这些机构的范围内，科学和政治之间的长期交往关系已经建立"①。

在科学线性边界的委托代理关系下产生了四种科学角色。这四种科学角色也是科学人士在寻求科学政策和政治处理时，与国家互动时的四种身份，以及他们在扮演角色时的态度与行动。它们分别是纯粹的科学家、科学仲裁者、观点辩护者或政策选择的诚实代理人。这四种角色在一个功能健全的民主国家处理政治问题时都是必须和需要运用到的。如下表格4。

表格4　科学家在决策中的四种理想化的角色②

		科学观	
		线性模式	利益相关者模式
民主观	麦迪逊	纯粹的科学家	观点的辩护者
	谢茨施耐德	科学仲裁者	政策选择的诚实代理人

在委托代理模式的四种科学角色中，每一种角色都表明了科学与政治

① ［德］哈贝马斯. 作为"意识形态"的技术与科学［M］. 李黎，郭官义，译. 上海：学林出版社，1999：107 - 108.

② ［美］小罗杰·皮尔克. 诚实的代理人：科学在政策与政治中的意义［M］. 李正风，等译. 上海：上海交通大学出版社，2010：14.

在委托代理之间的关系类型（如表格4）。例如：

1. 纯粹的科学家角色，这是麦迪逊式的民主政治观 + 科学的线性模式的组合。纯粹的科学家在科学边界关系中，表现得比较单一和纯粹，他们更多地考虑科学求实研究，对于科学给政治带来的效益并不是作为主要的关注重点，因此在与政治的互动中，他们不担任决策者，不表明态度，只是提供一系列的科学信息和研究发现，为国家的政治决策者提供可供参考的科学信息素材和依据。纯粹的科学家的任务相当于一个科学研究资料库，随时为国家当局提供所需要的知识。当然持有政治立场的人可以根据自己的利益诉求去有选择地筛选科学知识，维护自己的政治观点。因此，在纯粹的科学家角色中，科学与政治在互动始终保持着合适的距离，科学不过多地干预政治决策。

2. 观点的辩护者角色，这是麦迪逊式的民主政治观 + 科学的利益相关者模式的组合。观点的辩护者与纯粹的科学家不一样，它更多关注的是科学为政治诉求带来的实际效益，即政治决策立场的维护者。因此在委托代理关系中，观点的辩护者需要有自己的科学观点和科学意识形态，并且要和政治当局或党派意识形态保持一定的政治趋同性和政治共识。观点的辩护者将科学与政治在互动中形成一定的利益联盟，并且帮助政治一方提供其思想的解决之道，参与政治决策，有效地维护国家的政治观点。

3. 科学仲裁者角色，这是谢茨施耐德民主政治观 + 科学的线性模式的结合。科学仲裁者与纯粹的科学家有一定的共同点，对于政治的决策和政治立场及观点都很谨慎地处理，不轻易参与，也不与政治党派利益捆绑，而是与其保持一定的距离。但是，科学的仲裁者与纯粹的科学家不一样的地方是，它不是为政治提供科学信息，而是为政治问题之间的分歧提供一个判断。这个判断跟政治的意识形态和利益没有关系，与政治党派的观点也没有直接联系。这里最关键的是超越政治，不受其影响，科学从自己的视角为政治提供客观的裁决与判断。在科学仲裁者角色中，科学与政治的边界互动是为政治判断特殊问题，提供科学结论。通常政治解决不了的问题就会被送给科学家，科学仲裁者会以实证的方式进行评估，将实证的结论和判断反馈给政治决策者，避免政治利益的牵制。

4. 政策选择的诚实代理人，这是谢茨施耐德民主政治＋科学的利益相关者模式的结合。政策选择的诚实代理人与科学仲裁者不同的是，它提供的各种各样的解决方案与政治利益直接管理挂钩。它的方案不止有一种，也不只是一个结论，通过有效的实证方案储备，来完成政治任务。它的目标是将政治委托的任务全权代理，成为政治的智囊团和服务于政治的直接诉求。政策选择的诚实代理人与观点的辩护者不同的是，它并不是维护某个观点或立场，而是提供多样的观点和立场方案，根据政治决策者自己的偏好和价值观，提供切实可行的自助选择，帮助其避免独断和极端。

戈斯顿在边界线性模式强调："我用委托者—代理者理论（也被称为理想契约论）来描述科学与政治交互问题，借以考察一种组织关系，这种关系就像一个组织的不同部分与其另一些部分一个个地签订契约。"① 戈斯顿的委托者—代理者突破了传统科技与政治边界是分明的"两道街"的认识。这条边界线是半渗透关系，这种半渗透关系随着科学的四种角色的不同，会导致其与政治的渗透关系也有所不同。科学与政治的边界在两者保持适度的距离到利益上的捆绑之间，随着需求而移动和变化。戈斯顿这种委托代理模式也成为各个国家在处理科学与政治关系中常采用的方式。

8.1.3 中国科学传播建议：科学共同体在政治中的传播角色定位

随着当前科技的发展，科学共同体在国家发展大计中起着重要作用。中国科学共同体在与中央政治局交往的过程中，基本上也越来越从传统的信息咨询的角色向两种重要的传播角色转变。第一种，是观点的辩护者

---

① 徐治立. 科技政治空间的张力 [M]. 北京：中国社会科学出版社，2006：28–29.

（麦迪逊式的民主政治观＋科学的利益相关者模式组合）：他们要有自己的科学观点和科学意识形态，要和国家政策保持趋同，要为国家的发展提供科技策略，维护国家的核心利益；第二种，政策选择的诚实代理人（谢茨施耐德民主政治观＋科学的利益相关者模式的结合）：成为国家的智囊团，服务于国家的政治诉求，并提供多样的科学观点和科技方案，完成国家的科技规划任务。

国家主席习近平在国家科技发展规划中明确了科学共同体的角色定位这个问题，并在2016年的全国"科技三会"（全国科技创新大会、两院院士大会、中国科协第九次全国代表大会）上提出："中国科学院、中国工程院是我国科技大师荟萃之地，要发挥好国家高端科技智库功能。"① 中国工程院、中国科学院也分别对中国科技智库的建设问题展开研讨。习近平总书记对中科院提出要"率先建成国家高水平科技智库"；中科院被确定为首批25家国家高端智库建设试点单位之一，也是首批10家党中央、国务院、中央军委直属的综合类国家高端智库试点单位之一。习近平总书记同时也要求中国工程院以准确、前瞻、及时这六个字的方针打造国家高端科技智库，服务于国家的重大战略咨询。

中国科学共同体的政治传播角色不仅仅只是科技智库的咨询人员，其实更需要其充当科学的决策人和科学管理大师，对国家的科技走向、科技决策提出自己的立场和观点，而且科学共同体需要为国家提供未来科技发展规划和目标，参与政治决策，有效地维护国家的政治观点，为国家提供多样的观点和立场方案，根据政治决策者自己的偏好和价值观，提供切实可行的科技方案，实现国家的科技大业。同样，中央政府也需要在决策机构中孕育出一些能够为国家科技发展大计实施纲领的决策人物代表或群体，更好地运用科技来治国理政。

---

① http：//www. chinanews. com/gn/2016/05－30/7888171. shtml

8.2　科学社交国际边界模式

8.2.1　二轨制下的国际科学社交

当科学人士或科学共同体代表本国，与其他国家或国际组织机构进行竞争和合作时，就需要开展国际间的科学社会交往活动。例如，美国的伊西多·艾萨克·拉比就是国际科学社交的典范。1950 年，拉比作为美国驻联合国教科文组织（UNESCO）的代表，在佛罗伦萨旧宫的联合国教科文组织会议中，积极倡导成立区域实验室，他在国际上的科学社交才能和杰出表现，有力地推动了十一个国家的欧洲核子研究组织（CERN）的建立。同时他作为美国科学代表，参与北大西洋公约组织科学委员会的各项工作，在国际间积极开展社交活动，为国际科学发展做出了重要贡献。早年间，万尼瓦尔·布什指出，他希望将科学的专业知识用于改善政府决策的工作，尤其要在教育、研究、军事、国家安全和国际关系等方面进行改善。① 换句话说，在国际交往中，科学的作用力不能小觑。科学家或共同体的国际科学社交能力，将对本国乃至国际的科学发展起着关键作用。

"2001 年 7 月，联合国经济及社会理事会决定：开发特别项目、组织工作会议，致力于为正在进行的项目培养科学技术、外交政策制定和管理事务方面的科学家、外交家和记者，从而在协调国与国之间的关系以及国际规则的制定中帮助发展中国家，尤其是最不发达的国家。"② 该决定，

---

① Vannevar Bush, *Science The Endless Frontier*, ［M］A Report to the President by Vannevar Bush, Director of the Office of Scientific Research and Development, United States Government Printing Office, Washington, July 1945.

② 国际组织可持续发展科学咨询调查分析委员会. 知识与外交：联合国系统中的科学咨询［M］. 王冲，冯秀娟，等译. 上海：上海交通大学出版社，2010：9.

一方面是致力于科学共同体在国际社交能力的培养，有利于开展多方面的科技合作；另一方面是要在联合国系统中建立良好科学社交传播沟通机制，使科学能够在健康、有序的国际环境中得到进一步发展。

二轨制下的国际科学社交，是科学人士或共同体在国与国的边界中进行社交、开展各项工作的具体体现。"所谓的二轨制是指，在国际交往中介于官方外交'第一轨道'与纯民间交流'第三轨道'之间的一种特殊渠道，其突出特征是非官方性和有意识地影响官方决策。"①（如图17）二轨制下的国际科学社交传播极大地影响了各国之间的科技交往和科技项目

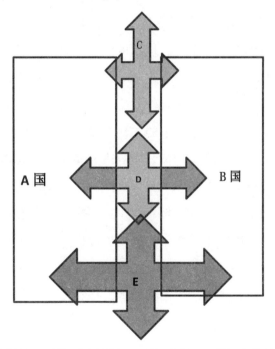

A(某国)、B（某国）、C（第一官方轨道）、D（第二轨道）、E（第三轨道民间交流）

图 17　国际科学二轨制社交模式图

---

① 王丽莉. 美国智库的旋转门机制 ［J］. 国际问题研究，2010：15.

合作。例如，美国通过向北美、中东、南亚及东北亚国家派遣"科学特使"，以扩大美国在全球环境、科技和卫生等各职权范围合作。"1951 年，美国就分别向伦敦、斯德哥尔摩、伯尔尼委派科学专员，第二年又向波恩和巴黎增派了科学专员。1959 年美国使馆科学专员分别被派往伦敦、巴黎、斯德哥尔摩、波恩、罗马、东京、新德里、里约热内卢、布宜诺斯艾利斯等地。"① 克林顿在美国国务院曾阐明，科学合作伙伴关系是解决全球问题的重要手段。2009 年以来，美国又设立过三批科学特使，分别去往多个国家开展科技合作。其中，时任国务卿希拉里就任命过三位美国科技特使。这些"科学特使"大都分是来自美国高等科学院所的医学、生物、环境等不同领域的专家和学者，他们可以以非官方的身份积极与各国的机构组织社交，并将科学研究报告第一时间送交美国白宫，带有决策性地影响美国官方政府在全球的科技合作战略。

不难看出，国际科学社交下的二轨制模式，是科学共同体在国际交往中的重要平台，也是科学共同体开展双边和多边科技合作的传播桥梁。科学共同体在涉及国际之间的重大科技问题时，借助科学二轨制社交渠道，带着一些科技议题与其他各国多方接触，缓冲和试探国际双边、多边关系。日前，更多的国际争端需要科技知识提供支撑。随着国际科技合作的趋势越来越明显，科学家的角色也在发生着变化。科学共同体从知识的探索者到影响国际科技走向的决策幕僚者，都在发挥着科技全球化的积极作用。各国政府在开展教育、技术采购、农业发展、卫生、工业、自然资源和采矿领域各项工作时，也都需要借助可靠的科学技术知识来发展。尤其对发展中国家而言，在国际科技事务中开展合作是非常重要的。在美国，科技议题广泛，不仅包括科学技术的自身发展，还包括创新、能源、气候

---

① ［美］V. 布什. 科学——没有止境的前沿［M］. 范岱年，等译. 北京：商务印书馆，2004：20 - 21.

变化、环境等方面的议题。美国科学共同体在政府决策中提出，要将新能源及环境政策作为刺激经济、创造就业的重要手段，并启动了美国与加拿大两国边界交往中的清洁能源对话机制；同时在建立"全球能源论坛"的社交平台中，积极促成国际谈判，通过能源新政策和新技术促进产业升级，以强化美国在全球科技的领导地位。

早在 20 世纪 60 年代，联合国就曾指出，工业化国家向发展中国家转让技术可以刺激最需要技术地区的经济快速转型。同时也指出全球的发展理论可以通过技术转让和新技术的传播来解决世界上贫穷国家面临的问题。这种转换让人们逐渐认识到科学技术在国际竞争和国际发展中的地位。而且发展中国家迫切需要获得更多科学技术，迫切需要增加它们在科学技术发展能力方面的投资。现在世界银行等机构在进行结构变革和投资发展政策时，都强调科学技术发展的未来潜力，许多科技国际社交活动都专注各国的科技与经济的协同发展。各国的科学技术发展咨询委员会的专家来自科学技术的各个领域，并建立科学技术促进发展融资系统，进一步推动科技向国际、国内传播，以解决科技争端和缓和科技国际矛盾。科学技术作为国际交往调节的工具，必然会使科技与国际政治环境趋向某种一致。各个国家的国防部、国家航空航天局、能源部和国家科学基金会以及政府以外的集团不断推出科学计划议题，比如战略导弹防御系统空间站、超导超级对撞机、人类基因组测序等。这些科技议题都会加强各国在国际界的社会地位，同时也提高了各国有效利用科技资源的能力。

8.2.2　科学国际边界的超组织

随着一些科技议题矛盾与争端不断加深，很多科技合作必须借助国际边界组织才能解决。这些组织游走在科学与国际事务的边界之间，称为跨界的超组织。摩尔对边界组织的认识定位在"提供稳定但是灵活的规则，来实现社会行动目标"。由各国科学共同体建立的国际边界的科学超组织，积极开展有利于解决国际科学争端的交往活动。如联合国环境规划署、联合国教科文组织和联合国粮农组织开展了广泛的科学活动，不仅帮助建立了新一代的环境条约，还把科学融入国际决策当中，发挥重要的影响力。科学边界的超组织意图以一种更加多边化的方式将科学传播给全世界，展现科学在国与国之间、人们社会生活中、道德伦理中以及国际政治方面的意义。戈斯顿于1999年提出了"边界组织"的概念，所谓"边界组织"，是指"那些日益在'科学'机构和'政治'机构——它们被理解为当代社会中鲜明的生活形式的标签——之间作为媒介的社会安排、网络和机构"。① 而跨越国际科学边界超组织的存在对于如何稳定科学与国际事务边界的潜在地混乱起到至关重要的作用。

科学边界的超组织意义在于，有效利用科学共同体在国际界的交往与合作，重建科学新的国际秩序。在与各国的社交中，科学边界超组织的功能也逐渐确定，比如维护科学的国际自主地位、解决国际科学争议、提高科研的国际社会效益、有效地促进科学的国际传播等问题。

对于科学边界的超组织，各界人士有着不同看法。米勒对科学的边界国际组织的认识扩展到了政治层面；克尔克斯、李维斯认为它是居于网络中的多边联系、多重目标的边界组织；凯什对于边界组织的理解是跨越多个组织层次以联系科学和政策的边界组织。"科学边界的超组织的形态、性质各异，就结构而言，有紧密型的，也有网络状松散型的；有政府的、半政府的、政府间的以及民间性质的；有临时的，或者特设的，也有长期的。如美国议会所属的技术评估办公室、各种生物伦理委员会、联合国气候变化框架公约、美国人类胚胎研究小组、共识会议等公共边界组织，致力于研究科学及其他类型的具有争议性科学议题。"② （如表格5）

---

① 马乐. STS中的边界研究——从科学划界到边界组织 [J]，哲学动态，2013（11）：88.
② 同上，89.

表格 5　边界组织的特征①

位　置	两个或多个社会世界之间	独立性	也是中立性的前提
责任性	对各委托方均负有明确的责任	主动性	科学与其他社会世界之间的广阔而且不稳定的灰色地带，给边界组织的制度和功能创新提供了空间
责任性	对各委托方均负有明确的责任		
专业性	有专业、专职的中介人员	稳定性	优于缺乏制度化的划界活动、边界对象等的重要方面
中文性	发挥功能的重要前提	知识生产	信息的共同生产、科学秩序和社会秩序的共同生产

科学边界组织的目标和行为通过交往活动稳定各方的利益管理，因此，边界超组织的科学活动是稳定边界的行动。科学家与资助和政策机构建立的边界超组织是高度多样化的边界机构。大部分联合国机构设立了科技咨询委员会，选取的专家来自不同国家，考虑地域的代表性，通过大会、研讨会和专家组会议磋商的社交方式来进行科学咨询，对主要的全球性问题的现状进行调查和分析，并对国际合作行动提出建议。例如政府间气候变化专门委员会就是最著名的科学评估组织代表机构。科学边界超组织的活动范围为科学主体和科学知识的产生和运用提供了一个合法化的空间，另外科学边界超组织在科学国际交往活动中扮演了一个调节和处理矛盾的仲裁者的角色，边界超组织存在于国际交往中迥异的社会世界的交界处，并对每一方负有明确的责任。

科学边界超组织是运用联合力量来达到共同目的。在跨越界限的一系列活动中，为了稳定科学边界对象，边界组织起到了建制化的作用，不仅使自身的边界活动合法化，也使得自己成为科学边界的载体，使边界的模

---

① 马乐. STS 中的边界研究——从科学划界到边界组织［J］，哲学动态，2013（11）：89.

糊内在化，跨界交流功能化，进而成为解决科学边界问题的有效工具。①
它把大量关于科学的研究统一起来进行规范，并提出一套解决问题的方式
和间接转化基金的路径，确保科学的边界国际交往正常运行。

8.2.3 中国科学社交的国际传播建议

中国目前正在实施"十三五"规划，又在积极推进共建"一带一
路"。中国在与周边国家的科技合作交往中应该充当科技的主力军，应该
积极提出并牵头组织国际大科学计划和大科学工程。目前，在国际科学社
交的舞台上，中国的科学话语权和影响力还比较薄弱，最主要的问题是中
国在国际科学社交中缺乏主动性，中国在国际科技组织的合作角色也缺乏
主导性，并缺少领头建立的国际科技边界组织。全国政协委员、中国科学
院遥感与数字地球研究所副所长顾行指出："国际科技组织总部设在中国
大陆的仅有68家，占所有科技组织的比重仅0.53%！这个比重之低，不
仅远远落后英美法等欧美国家，甚至还不如印度、韩国等亚洲邻国。"②

美国在世界科技中领先，与它积极建立科学社交的边界组织分不开，
这些社交的边界组织不仅主导各国的科学人员的研究，还掌控着科学知识
专利。据中国知识产权专家介绍，美国2001－2010授权发明专利中，中国
参与1.2万项，70%被外国所有，知识产权流失严重。

中国要进行科学传播，首先要建立走出去的国际科技社交的边界超组
织，将中国的科学社交舞台扩展开来，要有配套的科学社交的传播策略，科
学传播与国际接轨，支持国际科学合作机构在中国落户、在中国运行或者开
发海外的科学组织机构。以中国为主导的科学社交进行的科学国际传播，应
将有效吸纳共享全球创新资源作为宗旨。科学国际边界超组织的海外建立与

---

① 马乐. STS 中的边界研究——从科学划界到边界组织［J］. 哲学动态, 2013 (11): 89.
② http://www.rmzxb.com.cn/c/2016－08－19/987769_2.shtml

开发，会为中国开辟全球科学传播的新形式。这种科技全球化以及由此而来的国际科技结构变化将进一步加强中国跨边界的科技地位，避免科技资源向少数发达国家集中，强化中国对世界科学技术资源的控制力。

当前中国要把建立国际科技组织作为重要目标，传播中国乃至世界关注的重要科学问题，准确把握世界科技发展态势，传播中国的科学思想，从而提高中国科学的国际地位，争取更为有利的国际发展空间。

8.3 科学社交边界生态系统传播模式

8.3.1 科学边界生态系统的循环开放模式

在当代社会中，科学边界已经不再是独立的系统，科技活动必须与周围领域的资源有一定互动与交换，才能保障科技的创造性。科技主体在自由的氛围中进行创造性活动，必须借助其他的资源才能实现飞跃。"所谓的系统泛指有一定数量的相互联系的因素所组成的稳定的统一整体。系统论把整体性原则作为基本出发点，特别强调整体和部分之间的相互联系和相互作用，每一整体的性质，只存在于它的各个组成（要素）的相互联系和相互作用之中。"① 系统理论有共有功能、内在统合、自我调控等基本特征。② 而所谓的系统理论则主要集中在交流，以揭示系统结构的"耦合"。③ 系统理论家把系统视为一个具有其内在逻辑和自身动力的自主维持过程。科学社交边界的构成不仅是一个潜在开放的空间，而且是动态循

---

① 温朝霞，孙琪. 新型城市化发展与生态基础建设［J］. 探求，2012：15.

② 宫留记. 布迪厄的社会实践理论［M］. 开封：河南大学出版社，2009：51.

③ ［瑞士］萨拜因·马森，［德］彼得·魏因加. 专业知识的民主化［M］. 姜江，等译. 上海：上海交通大学出版社，2010：12.

环的系统。

　　科学社交边界系统的核心是具有资源价值的信息或商品，如货币、奖赏、分配或权力等都可以在这个动态的边界进行流通与循环。在与科技系统内部相互作用的过程中，科学社交边界系统改变了以往单一的科技规则所产生的科技资金短缺和科技管理弊端等诸多问题，从外界获得了有力资源。科学社交边界系统的建构为科技资源的不平衡分布提供了有利的循环空间。在这种模式下，从事社交的科技人员能够自动地了解外界科技资源，并容易找到获取资源的方法和途径，占据社会有利位置。科学的形成和发展离不开外界环境的支持。边界系统与周围的环境资源存在着物质的能量或信息的交换。具体表现为环境资源通过边界系统将资源、物质、资本、能量和信息流通到科学内部，同时科学内部也通过边界系统将科学成果、科学应用、科学精神传播给外界，通过科学的力量来推动社会发展。

　　科学社交边界系统包括：边界线、边界信号、环境资源、流经边界线时产生磁场、循环机制，边界系统自动交换设备、边界循环区域。（如下图18）这个科学边界系统结构简单、成本低，通过边界系统，可以使外界的一切资源自动纳入其中。实际上边界循环开放系统成为科学自身的一个自反性的工具，使得环境资源自动地被利用。过去的科技领域，由于封闭，常常处在资源不平衡的封闭状态。现在通过边界之间的交换或互动，科学与外界有机地形成了输入输出关系。科学与社会环境二者相互影响、相互促进，在一定条件下还会互相转化。科学不再是一个独立的系统，它与其他社会不同部门之间的边界已不再固定，它们之间可以互相渗透，科学系统和其他领域都在变得具有跨界性，这反过来也增加了科学的潜能。边界系统由于自身的弹性对科学内部进行重建，在与外界的边界交互中，科学知识被稳定下来，也正是通过这种方式，科学的自反性进入社会世界，进一步提高了知识的应用。

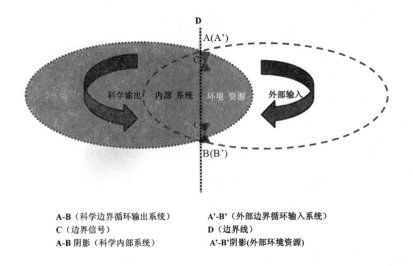

A-B（科学边界循环输出系统）   A'-B'（外部边界循环输入系统）
C（边界信号）   D（边界线）
A-B 阴影（科学内部系统）   A'-B'阴影(外部环境资源)

图 18 科学边界系统传播模式图

科学突破了专业化和机构化的边界，"研究者"现在遍布社会和全球。在科学社交系统的边界循环开放中，创新思想产生。科学边界系统是信息开放的系统，打破了传统独立的封闭单元之间的隔离性。与此同时，资源的流动也受到全系统规范性的调节。系统机制创造了行动主体与不同领域人员的互动机遇。科学边界系统行动主体的种种社交活动，作为动力变革着系统结构。科学边界的循环开放巧妙地让科学主体实现了"跨"（transgressive）的角色，也实现了知识生产的延续。在这个系统中，科学家们可以更自由地与其他群体的个人进行合作，并跨越既定机构和团体的界限。信息共享和传输在更广泛的竞技场或交易空间发生。甚至科学的内容也向外部开放，它不再是科学内部独享的信息。

来自其他社会团体的个人，不论他是科学界成员，还是工业界的伙伴或外行人士，都在积极争取、重视和进行知识生产的新博弈，这种新博弈的特点是科学人员可以更加个性化地参与发展新型关系。研究人员的地位或专业身份已经和不同领域联系在一起，这种地位和身份不再专属于科学家，在非科学家中也可以实现。就什么样的人算是科学研究人员这一问题，已经有了很多不同的认可方式。如今，"科学"精英激增，科学体系多样化。其背后原因是高等教育系统以及场所数量的同步扩张，这些场所可实现公认的竞争性研究。科学边界循环开放，科学主体身份模糊，都说明科学的扩展穿越了那些曾经被用来分隔科学与社会的清晰界限。

边界循环容纳了系统之间的冲突、演进、结果、合作关系的数量和力量强度等等。在权力差异不平衡的情况下，优势者获得了竞争的或潜在竞争的优越地位，掌握了资源的积聚。科学边界系统循环开启了这样一种正反馈回路，吸引那些具有权力优势的行动者提供科学资源，供给科学内部。当然，在这个循环过程中，边界系统会使不同的资源积聚合法化。科学边界的资源交换建立了持久意义上的科学递阶系统，以此获得绝对丰富的资源供给，保持科学创造力的延续。科学边界系统的资源运行和相互作用具有多样性和多种分支，例如经济的、政治的、社会的以及文化的子系统。边界循环过程是相互关联的子系统的交互结果，既是因果关系、反馈回路、直接和间接的多线条多层次关系，也是一个自主并且开放的重建过程。这种重建的连续过程，改造着社会形式。

8.3.2　科学边界的生态流通

系统模式体现了科学边界的生态流通。科学人员在系统模式下可以在科技界、政府、企业间流动，身份可以转换，可以自如地在科学、机构、行业之间的边界处穿梭，实现了科学与其他领域边界流通的现象。科研界与政府界的重叠，使得两者边界自行流通。系统模式下的边界流通，伴随人才、知识成果、创新资金等创新要素流动，为科学产业化、企业创新、政府管理高效化提供了创业导向动力机制。

齐曼的态度是，学术界与产业界之间的边界正在迅速地被那些半独立的研究实体所占据，而这些研究实体是通过承担特定的项目得以维生的。

为这些项目提供资金的有私营企业，也有政府部门。在这些研究实体中，有一些会致力于研究的原创性和完整性。① 由社会和科学相互交叠而形成的不可预知的创新合力正在发挥作用。在一个社会群体中，创新思想的传播是由特定群体的大小和群体关系的紧密性程度决定的。当前，虽然国家提供了"双创"服务，但是我国科学人员流动并非顺畅，许多有才能的科研人员只能局限在自己的小圈子里，无法实现科技与社会相结合，而且科技与各领域之间的信息不对称无法实现真正的科技创新。因此，建立科研人员从内部向外部环境流通的机制，是非常重要的。

本尼格曾经分析过职业流动，他指出职业流动是指需要一方是专业人员穿越组织的边界寻求个人的地位和收益，在供给的一方是非专业人员在某些专业领域寻求有力的帮助。这会造成对于"反常"的习惯定义的放宽。② 边界的联盟不仅仅是基于外部成本的愿望，同时也是各个内部资源供给和输出的一种需求。研发成本、科研领域之间的交叉成果，产品的市场推广等等，都需要各个领域的联盟与互渗，这样就形成了科学边界的生态流通机制。

科学生态决定着科技创新，这也是各国政治家致力于科学发展的重要任务。1994年，克林顿政府发布一个政策文件"科学与国家利益"，时任总统克林顿和时任副总统戈尔强调："科学推进着国家利益，改善着我们的生活质量，这仅仅是一个更大事业的一部分。今天的科学和技术事业更像一个生态系统，而不是像一条生产线。"③ 科学活动与国家的战略目标密切相关，所有的基础研究、应用研究和技术开发必须配有完善的资源生

---

① ［瑞士］海尔格·诺沃特尼，［英］彼得·斯科特，［英］迈克尔·吉本斯. 反思科学　不确定时代的知识语公众［M］. 冷民，等译. 上海：上海交通大学出版社，2011：193.
② ［荷］盖叶尔·佐文. 社会控制论［M］. 黎鸣，等译. 北京：华夏出版社，1989：10.
③ 徐治立. 科技政治空间的张力［M］. 北京：中国社会科学出版社，2006：28.

态体系，才能加快各国的科学速度。当前高等教育的大众化加速了科学社会化进程，更多接受过科学教育的政界人士、公务员、企业家和商界人士也都参与到了科学生态中。不同于以往的是，职业科学的简化意味着科学共同体与社会联盟有了合作与互动。通过这些方式，科学已经渗透进社会，同时也被社会资源所渗透，获得生态的反馈机制。科学知识在生态圈中被创造。创作者不再只是科学人员，同时还产生了新的混合研究者。

8.3.3　建立中国科学生态圈的传播机制

随着科学事业的发展，科技系统下的生态圈的资源平衡成为越来越重要的议题。科学生态圈的核心在于科学资源的合理分布、科学共同体对资源的获得便利、科学与外界的自动交换与互动。"布莱克认为：'科学共同体产生、建构和交换信息正如生态系统产生、建构和交换生物量一样。'托夫勒也指出：'科学不是一个独立变量。它是嵌在社会中的一个开放系统，由非常稠密的反馈环与社会连接起来。'"①

过去，中国科学知识和权力之间存在不平等性。这种不平等是资源的不平等。科学得到社会认可，并且能够公开地获得资源的支持，才有创新和发展的基础。传统社会中很多科学团体的消亡正是由于不能及时得到资本乃至资源的支撑。"创新—资本—合作—递进创新"这一良性循环需要持续源源不断地运转。这里的资本或资源主要特指科学外部资源。因为传统领域的分隔，外部资源受到绝对限制。外界环境中的各个系统，在传统社会是被统治阶层或优势地位者强力管控的。科学经常因得不到外界资源的支持，而面临科学发展断裂的危险。因而科学社交是科学共同体历来谋求获取资源发展的一种捷径。在今天的科学发展中，科学边界生态的建立意味着各个国家对于科技的容量急剧增长有了深刻的认识。各个国家需要

---

① 徐治立. 科技政治空间的张力 [M]. 北京：中国社会科学出版社，2006：28.

建立合法稳定的系统，为科学的发展提供便利和丰富的资源。

从中国传统的历史发展过程来看，获得强有力的科学支持并非是一件容易的事。不只是对个别人、团体组织、企业，甚至对于国家政府来说，支持科学的发展和研究都需要大量的资本投入。中国科学以往不对外的封闭状态延缓了科学进程，使科研成果的转化落后于时代的需求。这种现象，提示我们科学边界生态圈不是一个行政下的命令计划，也不是企业下的研发机构，它是要形成开放的社会资源与公共思想碰撞的科学生态链，以及科学的规范商业市场。知识的保密是特定时代下的狭窄科学利益思想，它并不真正有利于科学快速的发展与提高。而且，传统的"隔离"制度在科学家、政府和产业界之间，建立了一个明确的分工和责任划分。它阻碍了跨越这些边界的特殊的、非中央控制的行为发生。科学被视为是一种公共产品，必须依靠公共资金的支持。这就导致了科学的发展和创新出现了严重的障碍。①

当今民主化的科学，消解了这条界线，更多的科技人员脱离了原有的岗位，从政或进入产业，推动整个社会和市场的进步。总之，科学一直在社会情境下发展。科研不再独自局限在自己的小圈子内，科研机构深入产业界、政府机构，成为它们知识机构网络的一部分。目前，很多科研机构的科学家们常常与商人、风险资本家、专利律师、产品工程师以及大学以外的工程师有着频繁的互动。这种方式的资金来源形式，较少依靠中央政府或非营利性基金，更多地依靠公司、实业和社会游说团。科学边界生态圈打造的是科学生产、科学消费、科学创新、科学转化的一个全方位的系统模式。它将周边的社会资源与科学创新的机理形成一体化，让科学通过互动从而流动起来，形成科学生态链，通过相互交织、相互联结，形成联

---

① ［瑞士］海尔格·诺沃特尼，［英］彼得·斯科特，［英］迈克尔·吉本斯. 反思科学不确定时代的知识语公众［M］. 冷民，等译. 上海：上海交通大学出版社，2011：145.

动的生态圈。科学生态群中的知识分布与互动、科学竞争与演化都是科学革新的过程。社会资源在很大程度上决定了科学生产的内容、形式和状态。如何有效地促进科学自我再造，利用科学传播保持和发挥科学生态系统自我的调整功能，是科学生态圈中最重要的一个机制。科学的生命力要通过科学生态圈的资本价值、物质基础、平台服务、行政体制等社会资源环节来形成科学创新。科学生态圈的每一个节点都会促进新思想、新知识、新价值的产生。反过来，科学创新的有效传播，在生态圈中也可以自动开放地形成科学成果转化，为社会带来实际效益。

8.4　科学社交边界的生活传播模式

8.4.1　科学社交边界的生活传播

哈贝马斯在分析社会交往时指出，为使人们的行为领域实现"形式上的组织化"，其社会统治是通过"两种媒介"（货币与权力）、"四个渠道"（公共生活领域、私人生活领域、消费、营业）来进行的。① 哈贝马斯把"生活世界"这一概念看作"交往行为"不可缺少的概念，在他看来，"行动状况构成参与者生活世界的中心，行动状况具有一种运动的视域，因为它是通过生活世界的复杂性表现出来的，在一定方式下，生活世界，即交往参与者所属的生活世界，始终是现实的。"② 对哈贝马斯而言，生活世界是现实生活中人们交往活动的家园，生活世界是主体之间进行交往

---

① 张雯雯. 哈贝马斯的交往行为理论与历史唯物主义 [M]. 北京：中国社会科学出版社，2016：25.
② [德] 哈贝马斯. 交往行动理论：第 2 卷 [M]. 洪佩郁，蔺青，译. 重庆：重庆出版社，1994：171.

活动的背景，又是交往行为主体相互理解的"信息储蓄库"，"生活世界表现为自我理解力或不可动摇的信念的储蓄库，交往的参与者为了合作的解释过程可以利用这些自我理解力和坚定的信念。这种知识存储为成员提供了顺利的共同保证的背景信念"。① 生活世界构成交往的基础，生活世界涉及的是在公私领域，是由交往合理性指导下的交往行为构成的人际关系网络，是以个人的意愿和价值取向为基础进行的人际交往。生活世界包括公共领域和私人领域。生活世界为社会成员提供发展交往的场所。

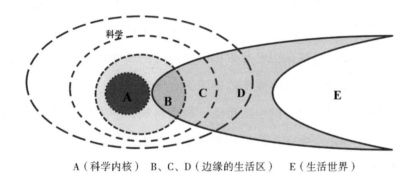

A（科学内核） B、C、D（边缘的生活区） E（生活世界）

图19 科学边界生活

科学社交活动，很大程度上使科学技术向人们的公共生活领域、私人生活领域进行渗透。这种渗透正在更广泛的社会竞技场内传播着，并且形成了一种以"科学"为轴的"生活化"交往行动。（如图19）科学的"边界"与"生活"形成一种特殊关系。科学社交边界既是一种私人的生活活动，也是公共生活活动。当然科学内核的"中心"丰富来源于"边缘"的活动。没有了"中心"的吸引，"边缘"也将不复存在，而随着"边缘"越来越生活化，"中心"也有可能变得更加丰富。科学与生活世界已

---

① ［德］哈贝马斯. 交往行动理论：第2卷［M］. 洪佩郁，蔺青，译. 重庆：重庆出版社，1994：173.

经无法分离，基础科学技术创新与社会的发展密不可分，它们之间通过生活化的使用而紧密地联系在一起。

知识生产越来越少地作为独立活动而存在。它不再仅仅是大学里的科学或工业上的科技，科学生产无论在理论和模型上，还是在方法和技术上都在向生活世界渗透。科学不只是某个特殊领域的专属物，科学生产已经融入生活过程中，它外溢或衍生出来的附加值正在引起全球公众的关注。科学的商品性提高了，各领域之间、各机构之间的边界地带更加模糊不清，科学专家以及作为社会行动者的非专家相互影响而构成团体，这些都在塑造着知识。① 随着社交场域的不断深化，在特定时间、特定地点下对于特定研究对象的局部认识发展成为普遍意义的科学认识。整个过程就是将个体、小范围的知识发展成集体知识的合谋过程。

我们所说的科学边界的生活传播，是指新知识的生产已经不再局限于本领域内部，而是发生在生活的缝隙之中，产生在与公众不同的交互过程中，并传播影响边远地区。科学与人们生活之间的边界正变得越来越模糊。新的跨界项目在尽力将各路普通公众聚集在一起协同合作，这使得科学生产在和公众之间的各个领域互动时呈现和睦局面。科学社交边界生活化的渗透，使得科学技术、产业模式、公众参与，实现了更加紧密的互动。新知识的生产，出现在大众研发联盟的使用创新中。许多企业、政府、科研机构力图吸收公众消费的各种要素与理念，展开新的合作，科学的等级结构正在被生活世界开放性结构所取代，以增强科学灵活的适应能力。另外，目前的科技界越来越少地独立完成项目，原因是通过选择与公众社交互动进行合作，既可以消减研究成本，又促进产生研究领域之间的交叉成果。

---

① ［英］迈克尔·吉本斯等. 知识生产的新模式［M］. 北京：北京大学出版社，2011：139.

科学界已经比以往更加重视和呼吁公众的支持。科学界认为公众可以发挥作用，并能够解决未来的问题。科技也从公众身上获取了科学的灵感，这种建立在集体想象力基础之上的科学"乌托邦"的科学成果是非常吸引人的，能够从舆论上获得民众的支持。科学与生活世界之间的边界已经融合。"知识"散布在"生活"中，科学传播和生活世界，彼此间的界限已经融合。科学在诸如政治、文化、市场的扩散中，已成为边界彼此渗透的竞技场，相互融合并服从于协同演化趋势。

8.4.2 孕育中国科学社交生活广场的传播氛围

科学边界是历史背景、既得利益、财政分配、创业机遇或者学术联盟的产物。当前科学社交下的生活世界，对社会产生了极大的社会效应。科学家的工作已经转移到了中心地带，我们称之为广场，这是市场与政治碰触交融、个人情感的表达与公共理念和政治共识形成之间相互影响的空间。① 科学与社会之间存在着相当紧密的互动关系，在过去的传统观念里，科学和社会之间保持一条"分隔线"，并且是一种单向性的影响。但是，现在的科学社交边界的生活传播构建了一个开放的、动态的空间，被称之为新公共空间中的知识与情境化的"广场"。这个广场是"科学与公众相遇"的交往空间，也是公众生活科学的空间。科学知识生产条件发生了变化，科学在社会存在的形态与分布也发生了变化，并在生活广场中不断地接受检验。例如，兴起于科研机构外的新类型研究的出现恰恰与科技大众相关。这些新的科学研究形式说明了身处不同科学领地的公众已经转变为科技人员。

哈贝马斯曾经指出生活世界是社会交往的基础，曾国平教授为此提出

---

① [瑞士]海尔格·诺沃特尼，[英]彼得·斯科特，[英]迈克尔·吉本斯. 反思科学：不确定时代的知识语公众 [M]. 冷民，等译. 上海：上海交通大学出版社，2011：203.

了生活科学。他指出生活科学对应着生活世界，出于实用和有效性的考虑，谋求生存的福祉。现代社会，科学与公众之间的间隔变得如此之小，以至于公众在社会生活娱乐消费中就萌生了科学创新。公众在创造科学新事物方面所取得的前所未有的成功，始终与公众的创造力分不开，这使得科学知识在生活领域中产生。科学广场已经把过去习惯区分国家、市场、文化和科学的界限打破，并且正在加速分化。科学不可能脱离开公共广场，而独自发展。

公众以自由发明"业余者"的身份自觉地进入科技研究领域。虽然与专业化研究机构的科学家有一定的区别，但是在生化应用和消费生产中，科学专业知识分子的优势在渐渐弱化，与科学公众之间的研究差距正缩短。生活广场与科学公众之间已经建立了密切的联盟。公众借助新型媒体及互联网等电子机构已经形成了自觉的科学意识和科学研究能力，在公众共享信息的时代，科学生产的生活化已经得到了有力的验证。高等教育使受到科学研究精神熏陶并拥有专业技能的公众数量越来越多，他们自发地组成团体与组织，在越来越多的场所进行科技探索，建构了公众广场式的科技资源和社会基础。当然，新研究场所的出现是教育和研究大众化进程的必然结果。电子科技的发展创造出一种能力，使得在不同场所的公众可以在电子平台上能够进行互动。由于电子平台将物理空间和时间消弭，更多的知识场所之间的互动创造在线上完成，知识和技术的互相联络以及可能的配置越来越多。世界生活的知识体系发生在现有体制的边界上，并在全球串联。众多的公众科技人才介入这个空间体系，削弱了边界的控制。来自不同背景的科技公众在线上进行密切合作，将科学广场演变为特殊的工作环境。现代社会，有关环境、健康、信息、安全以及生育等生活公共问题已经引起了公众的关注，科技公共化逐渐成为一种共识。因此，社会学者和科学家、工程师、律师以及生意人不自觉地走在了一起。科学广场开放式的科学研究和传播，颠覆了传统科学探索的路径。

科学技术迅猛发展，社交生活广泛地渗透到社会生活的方方面面，科学、技术与生活之间形成了日益密切的互动关系，科学技术不仅成为生活世界的重要内容，而且成为生活世界的基础。随着现代化的发展，科学技术极大地影响了工业绩效、人民健康、国家安全、环境保护等各个方面，不仅提高了公众的生活质量，也让公众意识到了科技发展不可或缺。公众对当代科学技术，尤其是信息技术和生物技术的发展方向、速度和规模表现出深切的关心，要求参与科学决策。

在中国过去的年代里，科学信息总是不对称。很多有关科技发展前景及其对社会影响的信息大多掌握在科学家手中，公众往往处于被引导，甚至被误导的境地。现在，公众正确认识科学，正确评估科学知识，合理地运用科学。中国的科学社交生活要求公众可以参与其中。科学不仅决定着技术过程、经济制度和社会结构，也塑造着我们的日常经验、意识思考，甚至是无意识的情感。科学社交生活日益普及，看似已主导了财富和福利的增长，相较过去而言，知识生产更多成为一种社会社交生活。科学的构成与研究活动上发生的变化，归因于不断增长的知识情境化、社会化的趋势。知识是在公众的应用中被生产出来的，甚至说，知识就是在生活中被生产的。不难看出，科学不是一个独立存在的空间，与社群、文化以及经济等"其他"诸领域之间存在界限的融合。在这些领域中，它们"内在的"异质性日益明显，"外在的"相互依赖程度不断加深，甚至互相渗透，它们之间不再界限清晰分明，而是难以区分。就科学的社会构成来讲，异质性与相互依存性始终都是科学的特征。

现代社会，中国科学社交的边界应该越来越开放，越来越生活化，科学家独自执掌话语权的时代已经过去，科学与社会公众之间通过创造新知识，为社会增添了新的元素。科学与社会之间的辩证关系已经转变成共谋关系，科学与生活世界的广场关系更为"开放"。例如，当科技环境污染时，公众的争议和公众的创新，就会对科学研究和科学的决策产生影响。

这一变化对科学共同体是有帮助的，其组成更具异质性，价值更富争议，方法更加多样化，并且边界也更加模糊。科学广场"开放"的边界，是现代社会的一种重新诠释。科学公众参与引导这个世界，当然也更有利于社会的进步。在科学"广场"中，反复的协商、调解、咨询和争论中分布着各种相互对抗的科学互动形式，各种新技术和研发产品，需要在更广阔的社会环境中去酝酿。

第9章

结　语

9.1　本书结论

从古希腊到 21 世纪的今天，"科学社交"的传播活动有着深远的意义。它不仅是一种社会积习，更是一种科学历史传承。无论是西方国家还是中国，科学社交都有着悠久的历史。古往今来，科学社交呈现出了广场式的社交、飨宴社交、官邸私密社交、风尚社交、政治社交、数字公共社交等丰富多样的传播形态。科学共同体在不同的社交传播形态中与社会外界人士深入交往与互动，使得科学逐渐向政治、经济、文化等社会领域传播与渗透。科学社交过程中，国王、主教、贵族、总统、金融家族、官绅、商人、企业家等精英阶层成为科学伊始最直接有力的科学传播推动者，充当科学传播的舆论领袖。他们的赞助和支持是科学前进和发展的动力。"科学社交"是科学共同体深入社会的实践活动，是科学穿越边界与其他领域互动的重要传播路径，也是影响未来科学传播方式走向的关键点。不同的科学社交形态和实践活动渗透出了科学的传播思想和精神。科学与各界的边界交往机制是科学发展的需要，无论是从科学合法性的承认、科学体制的建立，还是科学经济运营，社交成为科学传播发展过程中不可忽略的环节。尤其值得关注的是，科学共同体在与各界的交往互动中，科学与其他领域的边界逐渐融合，这不仅为科学的创新思想带来活力，更为科学的内核输入新的血液。

本书以纵向的视角勾勒出了科学社交的传播风貌和历史脉络，通过中西方的科学社交个案进行研究，重点从以下几个方面来探析科学社交的传播意义。

（一）科学社交的概念阐释。这里的"科学社交"特指科学专业人士、科学共同体与学术圈外不同阶层、不同领域的社会交往与实践活动。其中包括：1. 与上层不同领域精英的社交传播活动，比如与国家政府总统官员、上流社会的贵族、金融家、企业家；2. 与国内外机构、国际社会组织的社交传播活动；3. 与普通公众阶层的社交传播活动。传播学法兰克福学派的哈贝马斯认为，社会交往是用来更新文化知识的，它具有传播功能、协和功能、张扬功能。西美尔认为社交是最重要的社会形式，是有目的的自主的游戏形式。本书结合以上学者的理论提出，所谓的"科学社交"是科学共同体带有一定的科学目的（策略）行为、规范调节科学行为，在科学的戏剧展示中，最终要达到科学的沟通传意性，即向社会各个阶层进行科学传播的社会交往行为。科学共同体在与外界各个领域的交往中，实现了与其他社会成员的互动，使科学思想和科学应用在其他领域得到延伸。

（二）科学社交的边界分析。科学社交打通了科学与其他领域的屏障，成为穿越边界，实现科学与外界发生联系、沟通和交互的重要平台。科学边界由交往的空间、时间距离构成，科学社交的传播结构形成一定矩阵形式，通过科学社交，科学传播的目标和价值观都会在科学边界显现出来。科学社交体现出深刻的边界思想关系：边界的协调与包融。这不仅意味着边界不是固定和永久的，也说明必须对边界进行积极维持。科学社交在边界上通过资源转换、与其他资源优势互补，打通了科学产出与科学输入的渠道，推动了科学的发展。

（三）科学社交边界的场域资本贸易论证。科学社交边界的交融区实际是个场域，这个场域是一个力量关系的竞技场。它为国家元资本、经济资本、社会资本之间的贸易兑换提供了有利平台。科学需要来自各方的支持。科学社交的目的，本身就是要获得科学再生产的资本与源泉，并且再进一步拓展科学传播。在科学社交的场域中，科学可以获得自我调整，重新整合资源，再进行发展，最快而有效地获得资本资助。实际上，科学场域处于各种外界资本的张力之中，这些资本的传播力量，又加大了科学边界向社会区域的扩展。

（四）科学社交边界的传播控制研究。各个国家在不同时期，执政者既推动科学传播，同时又对科学边界传播加以适当的控制，刻意与其保持距离，以防其越界，使科学存在于合理的空间范围里。统治阶层或其他领域主体担心自己的特殊利益被"纯粹"的科学意识形态所"污染"。因此，决策者必须控制科学对其领域过多地干预和介入，以保留自主性。当代社会，从各国的个案中可以看出，统治阶层对科学的控制，突出地体现在他们不仅驱使科学与社会适度地分离，而且在党派之争中，科学被强行干预和操作，科学被异化为战利品。当然，科学社交边界的传播，过度扩张或者过渡抑制都对科学发展不利。科学传播受到控制，无论是隐形还是显性，其隔离都会在科学家、政府和产业界之间产生一定的影响。

（五）科学社交的边界传播模式探讨。科学社交边界的交往传播模式分为科学社交边界线性传播模式、科学社交的国际边界传播模式、科学社交边界的生态系统模式、科学社交边界的生活传播模式。科学社交的边界线性传播模式的核心思想是：在边界线性的两边，只要政府在边界线的一边给予支持，边界的另一边就会产生促进经济效益重要的科学创新。这种边界的线性交往模式使得科学共同体的交往角色成为各方的委托代理。科学社交的国际边界传播模式体现为二轨制的科学社交，其核心思想是：介于官方交往的"第一轨道"与纯民间交流"第三轨道"之间的一种特殊渠道，其突出特征是非官方性和有意识地影响官方决策。这种科学社交方式是科学共同体在国际社交中的一个重要平台，在双边和多边的国际科技合作中发挥着重要作用。科学社交边界生态系统传播模式的核心思想是：具有资源价值的信息或商品，如货币、奖赏、分配或权力等都可以在这个动态的边界进行流通与循环，它为科技资源的不平衡分布提供了有利的循环空间。在这种模式下，从事社交的科技人员能够自动地了解外界科技资源，并容易找到获取资源的方法和途径，供给科学内部的发展需求；同时科学研究成果也可以通过边界系统传输到外界，为外界提供有利帮助。科学社交边界的生活传播模式核心思想是：科学的边界与生活形成一种特殊关系，科学内核的中心丰富来源于边缘的生活化。在这种模式下，知识散布在生活中形成生活科学，生活科学被科技公众所掌握。

（六）中国科学共同体社交传播机制的建议。在中国的科学社交中，科学共同体需要转变角色，从过去传统的信息库的角色转变为担任国家科学决策者的角色；中国要在国际交往中建立科学边界超组织，提升中国国际的科学话语权；中国要建立科学生态的流通机制，为科学发展提供有利帮助，并培育科技创新思想；中国的科学发展需要公众积极参与，形成科学生活广场的科学传播氛围。

9.2 创新成果

（一）概念的新建构和新解读。本书创造性地建构了"科学社交"的概念，并对科学社交的内涵进行阐述和论证。同时本书也对"科学传播"的概念从西方词根的来源进行新的诠释。

（二）研究方法创新。本书的创新在于将传播学批判学派哈贝马斯的"交往行动理论"、西美尔的"社交理论"和布尔迪厄的"场域"作为理论基础，来探讨科学社交中的科学传播内涵和结构，以及科学社交过程中科学传播的边界机制问题。哈贝马斯、西美尔作为理论先导者，其交往行为理论为科学社交的发展奠定了基础。布迪厄作为卓越的社会思想家对科学场域有着深刻的认识，其场域概念和资本研究给科学传播研究提供了理论工具。

（三）重新界定中国科学传播的研究格局和流派分野。本书遵循传播学的批判学派、经验流派、技术学派等学派的学术风格，对国内科学传播的研究学者的研究格局和流派重新界定，将国内科学传播流派分为批判学文化研究派、经验学公众科普实证派、科学哲学博物派、科学史共同体思想研究派、科学技术媒介研究派、实践活动科学传播业务派等六个流派。

（四）勾勒出了科学社交的传播形态和风貌。本书从科学史的文献资料中提炼出了不同时期、不同阶段、不同国家的科学社交形态和社交风貌。

（五）把科学社交的"边界"作为研究科学传播的切入点。本书从科学社交边界的形成、互动和交融来探讨边界传播结构，提出科学社交场域中传播资本的贸易兑换成为科学发展的必需。

（六）探析科学社交的传播模式并建设性地提出中国的科学传播建议。本书在对科学社交传播模式（如科学社交边界线性传播模式、科学社交的国际边界传播模式、科学社交边界的生态系统模式、科学社交边界的生活传播模式）研究探讨的基础上，对中国科学传播深入地思考并提出相关建议，即科学共同体要从过去的信息库的角色转变为科学决策和仲裁者的角色，而且中国在国际的科学交往中要建立科学边界超组织，同时要建立科学社交边界的生态机制，保持科学创新的活力，而且要让公众参与科学研究，孕育科学生活广场的传播氛围。

9.3　研究展望

科学社交是科学传播的实践活动，也是科学传播的重要路径，应该给予足够的支持和重视。科学共同体是最有活力的一类群体，积极开展与外界的社交活动不仅有利于自我身心的发展，充实生活，同时还能吸纳外界的新思想、新观点、新视角，促进科学新领域的合作，并且也给外界了解科学建立了渠道。在未来的课题研究中，还有几个问题需要我们深入探讨，并进行思考和研究。具体分为以下几个方面：

（一）科学共同体建立有效的社会交往流通机制，中国该以怎样的社交具体形态呈现与落实？科学共同体与各界交往形成良性互动，交往成果如何快速转化？

（二）未来新时代下，中国科学共同体的社交未来还会呈现出哪些新的动向？社交过程中有哪些基本原则和具体价值标准需要考量？

（三）科学社交与科学研究的比重如何能够分配平衡？等等。

以上这些问题还需要我们在以后的课题研究中进一步探讨。

在21世纪科技时代的今天，科学社交已经融入人们的生活当中。作为新时代的科技知识分子，在本领域研究专长的同时，还需要具有大胆穿越边界领域的意识，向社会各界渗透与融入，从而推动中国科学事业的传播与发展！

参考文献

一、著作类：

[1] ［英］爱德华·伯曼. 绅士生活［M］. 李钊平，等译. 北京：当代中国出版社，2010.

[2] ［法］埃德加·莫兰. 复杂思想：自觉的科学［M］. 陈一壮，译. 北京：北京大学出版社，2001.

[3] ［荷］A·F·G汉肯. 控制论与社会［M］. 黎鸣，译. 北京：商务印书馆，1984.

[4] ［苏］A·H米哈依诺夫等. 科学交流与情报学［M］. 徐新民，等译. 北京：科学技术文献出版社，1980.

[5] ［英］A.P. 哈维. 英国的科学组织概况［M］. 德年、范毅，译. 北京：科学出版社，1979.

[6] ［俄］鲍·格·库兹涅佐夫. 伽利略传［M］. 陈太先、马世远，译. 北京：商务印书馆，2001.

[7] ［美］彼得·布莱克斯托克. 共济会的秘密［M］. 王宇皎，译. 北京：人民文学出版社，2011.

[8] ［法］布莱等. 科学的欧洲——地域的建构［M］. 高煜，译. 北京：中国人民大学出版社，2007.

[9] ［美］布鲁斯·史密斯. 科学顾问——政策过程中的科学家［M］. 温珂，译. 上海：交通大学出版社，2010.

[10] ［美］达娃·索贝尔. 伽利略的女儿 ［M］. 谢延光, 译. 上海: 上海译文出版, 2002.

[11] ［美］大卫·古斯顿. 在政治与科学之间: 确保科学研究的诚信与产出率 ［M］. 龚旭, 译. 北京: 科学出版社, 2011.

[12] ［美］黛安娜·克兰. 无形学院——知识在科学共同体的扩散 ［M］. 刘珺珺, 等译. 北京: 华夏出版社, 1988.

[13] ［美］戴维·伊斯顿. 政治生活的系统分析 ［M］. 王浦劬, 译. 北京: 华夏出版社, 1999.

[14] ［加］丹尼尔·伊斯图林. 彼德伯格俱乐部 ［M］. 姜焜、郭津晶, 译. 北京: 新星出版社, 2009.

[15] G·帕斯卡尔·扎卡里. 无尽的前沿: 布什传 ［M］. 周惠明, 等译. 上海: 上海科技教育出版社, 1999.

[16] ［荷］盖叶尔、佐文. 社会控制论 ［M］. 黎鸣, 等译. 北京: 华夏出版社, 1989.

[17] ［日］谷川安. 科学的社会史: 从文艺复兴到20世纪 ［M］. 杨舰, 梁波, 译. 北京: 科学出版社, 2011.

[18] ［德］哈贝马斯. 作为"意识形态"的技术与科学 ［M］. 李黎, 郭官义, 译. 北京: 学林出版社, 1999.

[19] ［德］哈贝马斯. 交往行为理论: 第1卷 ［M］. 曹卫东, 译. 上海: 上海人民出版社, 2004.

[20] ［德］哈贝马斯. 交往行动理论: 第2卷 ［M］. 洪佩郁, 蔺青, 译. 重庆: 重庆出版社, 1994.

[21] ［美］哈罗德·拉斯韦尔. 社会传播的结构与功能 ［M］. 何道宽, 译. 北京: 中国传媒大学出版社, 2012.

[22] ［瑞士］海尔格·诺沃特尼, ［英］彼得·斯科特, ［英］迈克尔·吉本斯. 反思科学: 不确定时代的知识与公众 ［M］. 冷民, 等译.

上海：上海交通大学出版社，2011.

[23]［德］黑格尔. 哲学史讲演录：第2卷［M］. 贺麟，译. 北京：商务印书馆，1960.

[24]［英］亨利·莱昂斯. 英国皇家学会史［M］. 陈先贵，译. 昆明：云南机械工程学会，云南省学会研究会出版，1980.

[25]［英］J. D. 贝尔纳. 历史上的科学［M］. 伍况甫，译. 北京：科学出版社，1981.

[26]［英］J. D. 贝尔纳. 科学的社会功能［M］. 陈体芳，译. 南宁：广西师范大学出版社，2003.

[27]［美］凯伊·戴维森. 展演科学的艺术家：萨根传［M］. 暴永宁，译. 上海：上海科技教育出版社，2014.

[28]［美］克里斯托弗·希尔兹. 亚里士多德［M］. 余友辉，译. 北京：华夏出版社，2015.

[29]［德］马克思，恩格斯. 马克思恩格斯选集：第1卷［M］. 中共中央马克思恩格斯列宁斯大林著作编译局，编译. 北京：人民出版社，1972.

[30]［德］马克思，恩格斯. 马克思恩格斯选集：第4卷［M］. 中共中央马克思恩格斯列宁斯大林著作编译局，编译. 北京：人民出版社，1995.

[31]［加］马修·弗雷泽，［印］苏米特拉·杜塔. 社交网络改变世界［M］. 谈冠华，译. 北京：中国人民大学出版社，2013.

[32]［英］迈克尔·吉本斯. 知识生产的新模式［M］. 陈洪捷，北京：北京大学出版社，2011.

[33]［德］迈诺尔夫·迪尔克斯，克劳迪娅·冯·格罗特. 在理解与信赖之间［M］. 田松，等译. 北京：北京理工大学出版社，2006.

[34]［法］米歇尔·莱马里. 西方当代的知识分子史［M］. 顾元

芬，译．南京：凤凰出版传媒集团，江苏教育出版社，2007.

　　[35]［法］莫里．伽利略：揭开月亮的面纱［M］．金志平，译．上海：上海世纪出版集团，2000.

　　[36]［美］诺伯特·维纳．维纳著作集［M］．钟韧，译．上海：上海译文出版社，1978.

　　[37]［法］皮埃尔·布尔迪厄．文化资本与社会炼金术［M］．包亚明，译．上海：上海人民出版社，1997.

　　[38]［法］皮埃尔·布尔迪厄，华康德．实践与反思：反思社会学导引［M］．李猛，等译．北京：中央编译出版社，1998.

　　[39]［法］皮埃尔·布尔迪厄．科学之科学与反观性［M］．陈圣生，等译．南宁：广西大学出版社，2006.

　　[40]［法］皮埃尔·布尔迪厄．科学的社会用途——写给科学场的临床社会学［M］．刘成富，张艳，译．南京：南京大学出版社，2008.

　　[41]［英］乔纳森·巴恩斯．亚里士多德的世界［M］．史正勇，等译．北京：译林出版社，2013.

　　[42]［英］乔纳森·巴尔内斯．在咖啡馆遇见亚里士多德［M］．袁琳，译．哈尔滨：黑龙江教育出版社，2013.

　　[43]［英］乔纳逊·伯内斯．亚里士多德［M］．余继元，译．北京：中国社会科学出版社，1989.

　　[44]［美］R.K. 默顿．十七世纪英国的科学、技术与社会［M］．范岱年，等译．北京：商务印书馆，2009.

　　[45]［英］S·德雷克．伽利略［M］．唐云江，译．北京：中国社会科学出版社，1987.

　　[46]［瑞士］萨拜因·马森，［德］彼得·魏因加．专业知识的民主化［M］．姜江，等译．上海：上海交通大学出版，2010.

　　[47]［日］山崎正和．社交的人［M］．周保雄，译．上海：上海译

文出版社, 2008.

[48] [美] V. 布什. 科学——没有止境的前沿 [M]. 范岱年, 等译. 北京: 商务印书馆, 2004.

[49] [英] W. D. 罗斯. 亚里士多德 [M]. 王路, 译. 北京: 商务印书馆, 1997.

[50] [德] 沃尔夫·勒佩尼斯. 何谓欧洲知识分子 [M]. 李焰明, 译. 南宁: 广西师范大学出版社, 2011.

[51] [意] 西尔维奥·凡托维茨, [英] 杰罗姆·拉韦茨. 告别"魔数"——科学咨询的不确定性与质量管理 [M]. 朱晓军, 等译. 上海: 上海交通大学出版社, 2010.

[52] [美] 希拉·贾萨诺夫. 第五部门——当科学顾问成为政策制定者 [M]. 陈光, 译. 上海: 上海交通大学出版社等, 2011.

[53] [德] 西美尔. 社会学——关于社会化形式的研究 [M]. 林荣选, 译. 北京: 华夏出版社, 2002.

[54] [英] 西蒙·辛格. 费马大定理: 一个困惑了世间智者358年的谜 [M]. 薛密, 译. 南宁: 广西师范大学出版社, 2013.

[55] [美] 小邓肯·麦克雷, 戴尔·惠廷顿. 面向政策选择的专家建议——科学咨询的流程与实务 [M]. 李乐旋, 等译. 上海: 上海交通大学出版社, 2010.

[56] [美] 小罗杰·皮尔克. 诚实的代理人: 科学在政策与政治中的意义 [M]. 李正风, 等译. 上海: 上海交通大学出版社, 2010.

[57] [英] 英国皇家学会. 科学: 开放的事业 [M]. 何巍, 等译. 上海: 上海交通大学出版社, 2015.

[58] [英] 约翰·德斯蒙德·贝尔纳. 历史上的科学1: 科学萌芽期 [M]. 伍况甫, 等译. 北京: 科学出版社, 2015.

[59] [英] 约翰·齐曼. 真科学 [M]. 曾国屏, 等译. 上海: 上海

科技教育出版社，2009.

[60] [美] 朱丽·汤普森·克莱恩. 跨越边界——知识 学科 学科互涉 [M]. 姜智芹，译. 南京：南京大学出版社，2005.

[61] 北京圣蝶科贸有限公司制作. 中外名人传记百部 伽利略传 [M]. 北京银冠电子出版有限公司，2000.

[62] 蔡天新. 难以企及的人物 [M]. 南宁：广西师范大学出版社，2009.

[63] 董金华. 科学技术与政治之间的社会契约关系 [M]. 北京：知识产权出版社，2010.

[64] 冯书君. 智库谋略——重大事件与智库贡献 [M]. 北京：三联书店，2012.

[65] 国际组织可持续发展科学咨询调查分析委员会. 知识与外交：联合国系统中的科学咨询 [M]. 王冲，冯秀娟，等译. 上海：上海交通大学出版社，2010.

[66] 宫留记. 布迪厄的社会实践理论 [M]. 开封：河南大学出版社，2009.

[67] 何新. 统治世界——神秘共济会揭秘 [M]. 北京：中国书籍出版社，2011.

[68] 何新. 统治世界——手眼通天共济会 [M]. 北京：同心出版社，2013.

[69] 侯祥麟、罗沛霖等口述. 1950 年代归国留美科学家的访谈录 [M]. 王德禄等访问，整理. 长沙：湖南教育出版社，2013.

[70] 黄时进. 科学传播导论 [M]. 上海：华东理工大学出版社，2010.

[71] 黄宗煊. 钱学森——中国爱国知识分子的典范 [M]. 北京：清华大学出版社，2011.

[72] 李建军、崔树义. 世界各国智库研究［M］. 北京：人民出版社，2010.

[73] 李凌等. 智库产业——演化机理与发展趋势［M］. 上海：三联书店，2012.

[74] 李明德. 美国科学技术的政策、组织和管理［M］. 北京：轻工业出版社，1984.

[75] 林汶奎、白妍. 最阴谋——世界上最神秘的权势俱乐部［M］. 北京：电子工业出版社，2011.

[76] 刘兵. 多视角下的科学传播研究［M］. 北京：金城出版社，2015.

[77] 刘华杰. 科学传播读本［M］. 上海：上海交通大学出版社，2007.

[78] 刘九如、唐静. 罗沛霖传［M］. 北京：高等教育出版社，2013.

[79] 刘珺珺. 科学社会学［M］. 上海：上海科技教育出版社，2009.

[80] 路甬祥. 科学之旅［M］. 沈阳：辽宁教育出版社，2005.

[81] 路甬祥. 向科学进军［M］. 北京：科学出版社，2009.

[82] 路甬祥. 应对挑战［M］. 北京：高等教育出版社，2010.

[83] 罗兴波. 17世纪英国科学研究方法的发展——以伦敦皇家学会为中心［M］. 北京：中国科学技术出版社，2012.

[84] 欧力同. 哈贝马斯的"批判理论"［M］. 重庆：重庆出版社，1997.

[85] 潘敏. 钱学森研究［M］. 上海：上海交通大学出版社，2007.

[86] 祁淑英. 钱学森［M］. 马鞍山：花山文艺出版社，1997.

[87] 施宝华. 邓小平的科学家朋友－李政道［M］. 北京：作家出版

社，2014.

　　[88] 索晓霞. 科学需要特殊的勇敢［M］. 太原：山西科学技术出版社，1999.

　　[89] 任定成，柯遵科. 西方科学史的研究［M］. 北京：科学出版社，2013.

　　[90] 任福君，翟杰全. 科技传播与普及概论［M］. 北京：中国科学技术出版社，2014.

　　[91] 王莉丽. 旋转门——美国思想库研究［M］. 北京：国家行政学院出版社，2010.

　　[92] 王树人等主编. 西方著名哲学家传略·亚里士多德［M］苗力田撰.［M］. 济南：山东人民出版社，1987.

　　[93] 魏承恩. 中国当代科学思潮［M］. 上海：三联书店，1993.

　　[94] 魏屹东. 科学活动的利益冲突及其控制［M］. 北京：科学出版社，2006.

　　[95] 吴国盛. 科学走向传播［M］. 长沙：湖南科学技术出版社，2013.

　　[96] 奚启新. 钱学森传［M］. 北京：人民出版社，2011.

　　[97] 徐治立. 科技政治空间的张力［M］. 北京：中国社会科学出版社，2006.

　　[98] 薛晓源，曹荣湘主编. 全球化与文化资本［M］. 北京：社会科学文献出版社，2005.

　　[99] 幺大中，罗炎. 世界名人系列传记——思想家传·亚里士多德传记［M］. 沈阳：辽海出版社，1998.

　　[100] 叶永烈. 钱学森传［M］. 北京：中国青年出版社，2015.

　　[101] 叶永烈. 走进钱学森［M］. 上海：上海交通大学出版社，2009.

［102］于今. 智库产业的体系建构——中国智库发展报告［M］. 北京：国家行政学院出版社，2011.

［103］曾国屏. 科学传播普及问题研究［M］. 北京：清华大学出版社，2015.

［104］张纯如. 钱学森传［M］. 北京：中信出版社，2011.

［105］张雯雯. 哈贝马斯的交往行为理论与历史唯物主义［M］. 北京：中国社会科学出版社，2016.

［106］中国科学院编. 江泽民与中国科学院［M］. 北京：科学出版社，2012.

二、英文文献

［107］Harold Lasswell. *The Structure and Function of Social Communication*［M］，中国传媒大学出版社，2013 年 9 月第 1 版。

［108］Peter J. Kuznick，*Beyond the Laboratory*：*Scientists as Political Activists in 1930's America*［M］，University of Chicago Press，1987

［109］R. Burt. *Structural Holes*［M］，Cambridge，MA：Harvard University Press，1992

［110］Vannevar Bush，*Science The Endless Frontier*［M］，A Report to the President by Vannevar Bush，Director of the Office of Scientific Research and Development，United States Government Printing Office，Washington，July 1945.

［111］Vannevar Bush，*Modern Arms and Free Men*：*A Dicussion of the Role of Science in Preserving Democracy*［M］，Simon and Schuster；First Edition edition. 1949.

［112］Harold Spencer Jones，The Early Years of the Royal Society［J］，Journal of Navigation，Volume 13，Issue 4，October 1960.

［113］Irena M. McCabe & Frank A. J. L. James，History of Science and

Technology Resources at the Royal Institution of Great Britain [J], The British Journal for the History of Science, Volume 17, Issue 2, July 1984.

[114] Gerrylynn K. Roberts, The Social and Cultural Significance of Science: The Royal Institution [J], The British Journal for the History of Science, Volume 13, Issue 2, July 1980.

[115] F. O'Gorman. Peter Clark, British Clubs and Societies, 1580 – 1800: The Origins of an Associational World. (Oxford Studies in Social History.) [J], New York: The Clarendon Press, Oxford University Press. 2000, Urban History, Volume 28, Issue 3, December 2001.

[116] Quentin Skinner, Thomas Hobbes and the Nature of the Early Royal Society [J], The Historical Journal, Volume 12, Issue 2, June 1969.

[117] Rusnock, A, Correspondence Networks and the Royal Society, 1700 – 1750 [J], The British Journal for the Science, 1999, Vol. 32, No. 2.

[118] Stewart, L, Other Centres of Calculation, or Where the Royal Society Didn't Count: Commerce, Coffee – houses and Natural Philosophy in Early Modern London [J], The British Journal for the History of Science, 1999, Vol. 32, No. 2.

[119] Thomas Martin, Early Years at the Royal Institution [J], The British Jorrrnal for the History of Science, Dec. 1964, Vol. 2.

[120] Thomas Martin, Origins of the Royal Institution [J], The British Journal for the History of Science, Volume 1, Issue 1, June 1962.

[121] T. W. Burns, D. J. O' Connor, S. M. Stocklmayer, Science Communication: a contemporary definition [J], Public Understanding of Science, Dec. 2003.

[122] Vannevar Bush, As We May Think [J], The Atlantic Monthly, 1945, Vol. 176, No1.

三、期刊、论文

[123] 卜长莉, 管树侠. 知识经济时代社会交往的崭新特征 [J]. 长春理工大学学报, 2003 (1).

[124] 曹卫东. communicaiton 交往 [J]. 读书, 1995: 120.

[125] 曹志平, 陈建安. 以实践的观点理解科学关——从马克思到劳斯、伊德 [J]. 社会科学, 2010 (3).

[126] Craig Hayde, 吴燕妮, 吴丹妮. 社交媒体: 美国公共外交的力量、实践与概念限制 [J]. 全球传媒学刊, 2014 – 11.

[127] 樊春良. 奥巴马政府的科技政策探析 [J]. 中国科学院院刊, 2009 – 05.

[128] 冯锐, 李亚娇. 社交网站中知识扩散机制及影响因素研究 [J]. 远程教育杂志, 2014 (3).

[129] 高雷. 马克思与齐美尔交往观之比较 [J]. 华章, 2009 (23).

[130] 洪振挺. 企业的网络边界及演化分析 [J]. 科研管理, 2015 – 01.

[131] 黄振羽, 丁云龙. 小科学与大科学组织差异性界说——资产专用性、治理结构与组织边界 [J]. 科学学研究, 2014 (5).

[132] 黄蕾. 文艺复兴时期佛罗伦萨学派 [D], 复旦大学博士学位论文, 2012 – 04.

[133] 季文媚. 西方古典城市广场的发展与变化 [J]. 安徽建筑工业学院学报 (自然科学版), 2004 – 06.

[134] 柯遵科, 李斌. 从科学慈善机构、科学会所到中上阶级的科学学院——英国皇家学院的早期历史研究 (1799 – 1810) [J]. 自然辩证法通讯, 2012 – 02.

[135] 李斌, 柯遵科. 18 世纪英国皇家学会的再认识 [J]. 自然辩证法, 2013 (2).

[136] 李路路. 社会结构阶层化与利益关系市场化 [J]. 社会学研

究，2012 - 02.

[137] 李全生. 布尔迪厄场域理论简析 [J]. 烟台大学学报（哲学社会版），2002 - 04.

[138] 李素霞，李延江. 交往手段变革与交往方式变迁 [J]. 河北师范大学学报，2006（1）.

[139] 厉震林. 伶人家族的社交圈及其文化分析 [J]. 内蒙古大学艺术学院学报，2012 - 06.

[140] 梁永霞，李正风. 知识生态学视域下的国家创新系统 [J]，山东科技大学学报：社会科学版，2011（1）.

[141] 林惠岳. 论技术创新的知识空间 [J]. 自然辩证法通讯，2002（4）.

[142] 刘兵，侯强. 国内科学传播研究 [J]. 自然辩证法研究，2004（5）.

[143] 刘菲. 第三世界科学院（TWAS）历史语境和组织模式研究 [D]，中国科技大学博士学位论文，2013 - 04.

[144] 刘华杰. 科学传播的四种模型 [J]. 博览群书，2007 - 10.

[145] 刘华杰，蒋劲松，田松. 中国"科学传播"新理念 [J]. 中国图书商报，2007 - 10.

[146] 鲁芳. 美国"骷髅会"：精英社团的象征 [J]. 光彩，2013 - 02.

[147] 吕乃基. 科学和人文：两种文化边界的推移 [J]. 东南大学学报：哲学社会科学版，2014 - 07.

[148] 马乐. STS 中的边界研究——从科学划界到边界组织 [J]. 哲学动态，2013（11）.

[149] 孟强. 科学划界：从本质主义到建构论 [J]. 科学学研究，2004（6）.

[150] 孙慧，储开林. 再探交往的模式及实现途径 [J]，世纪桥，

2006（12）．

［151］孙振领，李后卿．关于知识生态系统的理论研究［J］．图书与情报，2008（5）．

［152］唐有财，符平．转型期社会信任的影响机制——市场化、个人资本与社会交往因素探讨［J］．浙江社会科学，2008 – 11.

［153］王莉丽．美国智库的"旋转门"机制［J］．国际问题研究，2010（2）．

［154］王勇，王蒲生．产学研结合"旋转门"机制［J］．科技进步与对策，2015 – 01.

［155］王玙，高琳．基于社交圈的在线社交网络朋友推荐算法［J］．计算机学报，2014 – 04.

［156］王勇，王蒲．生产学研结合"旋转门"机制［J］．2014 – 10.

［157］卫郭敏．打破镜像之界：消解还是开放——在整体视域下考察科学边界的问题［J］．兰州学刊，2011（03）．

［158］卫郭敏，武杰．系统科学视野下的科学边界特征分析［J］．科技视界，2015（04）．

［159］魏宗雷．谁掌控美国？——骷髅会［J］．世界知识，2004（13）．

［160］温朝霞，孙琪．新型城市化发展与生态基础建设［J］．探求，2012 – 09.

［161］温济聪．从传播学角度浅析古希腊广场文化［J］．新闻爱好者，2010 – 11.

［162］吴保来．基于互联网的社交网络研究——一种技术与社会互动的视角［D］，中共中央党校博士学位论文，2013.

［163］谢芳．解读美国上流社会［J］．社会，2003.

［164］解光云．述论古典时期雅典城市的公共空间［J］．安徽史

学, 2005.

　　[165] 邢耀章. 论社会交往与技术的关系 [D]. 武汉科技大学硕士学位论文, 2012.

　　[166] 徐佳宁. 科学交流的源起——古典文化时期的科学交流 [J]. 科技情报开发与经济, 2010 (20).

　　[167] 徐娟. 我国弱势高校发生的机制研究 [J]. 华中科技大学博士论文, 2013.

　　[168] 徐治立. 科技政治契约张力论——戈斯顿委托者—代理者模式分析 [J]. 自然辩证法分析, 2005 (3).

　　[169] 闫艳. 马克思交往理论: 思想政治教育研究的新视界 [J]. 求实, 2009.

　　[170] 姚远. 近代早期英国皇家学会社团法人的兴起 (1660 - 1669) [D]. 吉林大学硕士学位论文, 2008.

　　[171] 杨晓柳. 14 - 15 世纪拜占庭知识阶层的活动及对意大利文艺复兴的贡献 [D]. 东北师范大学硕士学位论文, 2006.

　　[172] 於荣. 社会资本与美国科学政策的制订 [J]. 清华大学教育研究, 2005.

　　[173] 袁弋胭. 19 世纪英国中产阶级自愿社团研究 [D]. 南开大学博士学位论文, 2013.

　　[174] 翟杰全. 科技公共的传播主体及其参与动机 [J]. 北京理工大学学报 (社会科学版), 2005 (5).

　　[175] 赵蒙. 知识学习社交网络的研究与实现 [D]. 北京邮电大学硕士学位论文, 2014.

　　[176] 张丽霞. 古希腊城邦会饮研究 [D]. 南开大学博士学位论文, 2012.

　　[177] 张素芳. 网络社区学术资源关联研究 [D]. 南开大学博士学

位论文, 2012.

［178］征咪. 科学协会与身份认同：1714 – 1837 年英国阶级的科学文化［D］. 南京大学硕士学位论文, 2013.

四、网站：

［179］http：//www. guokr. com

［180］http：//www. hbgb. gov

［181］http：//www. nipso. cn

［182］http：//www. csdn. net/article/2012 – 02 – 28/312487

［183］http：//www. cosmos – club. org/

后　记

　　书稿完成已有三年，即将付梓之时，正值 2019 年中美贸易之战如火如荼。说到底，中美贸易之战的焦点是科技主导权之争。如今，科技的边界对国家、社会、产业、公众的生活渗透力越来越大。追溯历史长河，科技的推动、受阻、争夺、传播历来是不同时期、不同国家长久不衰所争议的话题，而对于科技边界的传播和控制，也是各个时期统治阶层在掌握权力时所必须要考虑的重要因素。

　　写作之初，笔者一直好奇，做科学研究的人，难道生活真的是单调、枯燥乏味，只会沉浸在自己学术小圈子的交流而疏于和其他领域人交往，才会有一番作为吗？带着这样的刻板印象，笔者查阅了大量资料，竟然发现真正影响科学发展进程的关键人物，他们的社会交往，是如此的广阔和丰富，而其背后的真正深意恰是在为科学的传播和发展提供重要的合法权和话语权，为科学的进程铺平道路。也就是这样的发现，让笔者有了对"科学社交"这个课题写作的动机，希望以此能从中寻找到科学传播给予科技创造所需要的基础条件和科技生态。

　　本书写作过程中，要特别感谢我的博士生导师上海交通大学纪志刚教授、李侠教授，清华大学刘兵教授给予我学术上的悉心指导，得以让书稿完善。

　　还要感谢我的博士后合作导师、中国科协技术学会国际部尹霖研究员，为本书出版提供了项目资助。

　　最后还要感谢我亲爱的家人，给予我多年生活的关心和照顾，让我无后顾之忧完成书稿。

　　谨以此书，献给社会各界朋友！

侯蓉英

2019 年 7 月 18 日于颐栏轩